45社の成功事例をリアルに分析！

ランチェスター戦略「小さなNo.1」企業

福永雅文

日本実業出版社

はじめに　〝小さなNo.1の法則〟とは

「いま、どんな仕事が儲かるのでしょうか？」

コンサルタントをしていると、よくこの質問を受けます。多くの企業がいま、困っているからなのでしょう。自社が小さく経営資源に乏しいうえに、需要が縮小している、価格競争が激しい、構造不況業種である、といった厳しい経営環境では事業を続けること、それ自体が難しい。

さて、筆者の答えは「どんな仕事が儲かるか、儲からないかよりも、**どんな仕事でも適したやり方をすれば存続できるし、適しないやり方をすれば存続できない**と考えるべき」です。

成長市場で事業をすれば繁栄しやすいかもしれません。新興国市場や環境関連市場など需要が拡大している成長市場への進出です。ただし、本業との関連性の薄い新規事業を成功させることは難しいです。特に経営資源が乏しければ。また、成長市場は多くの企業が狙っています。スピード勝負、体力勝負となります。生き馬の目を抜く成長市場で果たして自社は勝ち抜けるのか。このように考えれば「成長市場＝儲かる」とはいい難いのです。

それよりも、本業を時代のニーズに応じて適したやり方にバージョンアップしていくこと

の方が、生存確率が高まるのではないでしょうか。売り先を変え、売り物を変え、売り方を変えるといったことです。例えば、

●新規事業の失敗を機に、世界一の品質以外は目指さないことを決めて飛躍した医療機器メーカー（20ｐ）

●缶ビール一本でも無料で届けることで、需要減と販売自由化の荒波を超えて、東京最大となった酒屋（26ｐ）

●地域Ｎｏ．１戦略を推進して売上のみならず、利益率も大幅に改善した田舎の小さな住宅リフォーム会社（32ｐ）

筆者は独立して一四年、その間に一〇〇〇社以上の企業との出会いがありました。そのなかには、絶滅危惧業種のような衰退市場にあっても健全経営をしている商店、三度も破綻した企業を再建した経営者、長い風雪に耐え代を重ねて老舗となった企業など、逆境にあっても勝ち残っている企業がたくさんあります。

そんな**小さくとも強い企業の存在を悩める人々に知ってもらいたい、経営不振を経営環境のせいにせず、適したやり方を見出すヒントを得てもらいたい、**そんな思いで筆者は中小企

業のリーダー向けの月刊誌『ニュートップリーダー〈旧誌名・経営者会報〉』（日本実業出版社）で二〇〇八年五月より五年に渡って毎月、一社の経営者にインタビューして記事を連載してきました。

本書は経営者四五人のインタビューをもとにした企業事例で、ランチェスター戦略の本質に迫るものです。ランチェスター戦略とは競争戦略のバイブルとも呼ばれるもので、その結論をシンプルにいえば、次の通りです。

集中×差別化＝Ｎｏ．１

広く薄くではなく、狭く濃くやる。大手のマネをするのではなく独自性を発揮する。このことで戦いの土俵をも変え、小さくとも、その分野ではダントツの存在となることです。情緒的にいうなら**「徹する、極める、そうすれば輝く」**です。

単行本にするにあたり、雑誌に連載した記事を全面的に書き直しました。本書は三部で構成されます。

第一部はランチェスター戦略の結論**「集中×差別化＝Ｎｏ．１」**によくあてはまる事例を七社紹介します。その上で、小さなＮｏ．１企業が同業者と比べてどれだけ収益性が高いのか、統計調査した結果も示します。

次に、何に集中し、どのように差別化し、Ｎｏ．１を目指すのか。第二部では、その具体的なやり方を三八社の企業事例で示します。第一部がランチェスター戦略の演繹的な分析であるのに対して、第二部は帰納的な分析です。

理論通りに事業を営む経営者というのは稀です。多くの経営者はトライ＆エラーの積み重ねで成功にいたるものです。**個別で特殊なそれぞれの事例に「集中×差別化＝Ｎｏ．１」を実現する〝突破口〟を求めました。**突破口は八つに分類できました。

八つの突破口をさらに整理すると、小さなＮｏ．１になるためには四つの条件があることに気づきました。

◇1ミッション（志と夢）
◇2ドメイン（事業の定義と生存領域）
◇3ビジネスモデル（顧客への提供価値と収益構造）

④ストラテジー（接近戦と空中戦）

この四つがダイヤモンドの四つ角のようにキラキラと輝いたとき、その企業は「集中×差別化＝Ｎｏ．１」が実現するのではないか。このことを筆者は**「ミッショナリー・ダイヤモンド」**と名づけました。五年に渡る筆者の取材の、そして本書の結論です。

第三部はランチェスター戦略について初めて触れられる読者のために、その理論のエッセンスを解説します。勝ち負けのルール「ランチェスター法則」から弱者の戦略、強者の戦略が生まれたことや、市場占有率の理論などです。ランチェスター戦略の基本から知りたい方は第三部から読み、その後に第一部、第二部と進んでいってもいいでしょう。

経営不振を逆境のせいにするのではなく〝生まれ変わるチャンス〟とし、**小さくても強い企業になった事例の数々と、それらから導き出された原則はきっとお役に立つ**との思いで書き上げました。本書が読者のビジネスの突破口となれば、これに勝る慶びはありません。

二〇一三年三月

福永雅文

掲載企業一覧　　🕮『ニュートップリーダー』掲載号(年月)　❖ 本書掲載ページ

①マニー株式会社
医療機器製造業
http://www.mani.co.jp/　🕮 2010年5月号　❖ p20

②株式会社カクヤス
酒類・食品等の業務用・家庭用販売業
http://www.kakuyasu.co.jp/　🕮 2012年5月号　❖ p26

③有限会社アサダ建設
住宅リフォーム業
http://www.homewellfc.com/5000056/　🕮 2011年7月号　❖ p32

④株式会社日本マンパワー
キャリアカウンセリングを中心とした人材開発業
http://www.nipponmanpower.co.jp/　🕮 2012年3月号　❖ p38

⑤ふろしきや(有限会社プラネッツ)
ネットショップ「ふろしきや」および呉服店、広告デザイン業
http://www.furoshikiya.jp　🕮 2011年6月号　❖ p40

⑥株式会社トヨックス
耐圧ビニールホース製造業
http://www.toyox.co.jp/　🕮 2008年5月号　❖ p42

⑦株式会社ダイワハイテックス
書店向け包装機器製造業
http://www.daiwa-hi.co.jp/　🕮 2010年9月号　❖ p44

⑧株式会社喜久屋
衣類のクリーニング&リフォームおよび保管業
http://www.kikuya-cl.co.jp/　🕮 2010年11月号　❖ p62

⑨株式会社カーブスジャパン
女性だけの30分フィットネス「カーブス」のフランチャイズ業
http://www.curves.co.jp/　🕮 2011年11月号　❖ p68

⑩有限会社マムエモア
お受験ショップ、幼児教室、手芸店
http://www.mametmoi.com　🕮 2012年7月号　❖ p74

⑪株式会社井之商
太陽光照明システムの開発・販売・施工
http://www.skylighttube.co.jp/　🕮 2012年2月号　❖ p76

⑫株式会社アトムチェーン本部
アトム電器チェーンのフランチャイズ業
http://www.atom-denki.co.jp　🕮 2011年9月号　❖ p80

⑬株式会社セルコ
コイル製造業
http://www.selco-coil.com/　🕮 2009年特大号　❖ p86

⑭株式会社長野デラップス
包装資材卸売業
http://www.lapland.jp/　🕮 2010年7月号　❖ p92

⑮株式会社カーテン館「窓」
カーテン販売業
http://www.mado-mado.com/　🕮 2010年12月号　❖ p94

⑯株式会社松井ニット技研

ニット製品の製造業
http://www.matsui-knit.co.jp/ 　🕮 2010年1月号 ❖ p96

⑰株式会社ピーターパン

パンの製造販売業
http://www.peaterpan.com 　🕮 2008年8月号 ❖ p100

⑱ミニメイド・サービス株式会社

家事代行サービスのフランチャイズ業
http://www.minimaid.co.jp 　🕮 2009年特別号 ❖ p106

⑲カワラリゾート株式会社

日帰り温浴施設
http://www.kawara-r.co.jp/ 　🕮 2010年3月号 ❖ p112

⑳しまうまプリントシステム株式会社

ネット写真プリント業
http://www.n-pri.jp 　🕮 2011年12月号 ❖ p114

㉑株式会社ヤマグチ

家電製品販売業、リフォーム業
http://www.d-yamaguchi.co.jp/ 　🕮 2008年7月号 ❖ p118

㉒株式会社ニッコウトラベル

旅行代理店
http://www.nikkotravel.co.jp/ 　🕮 2012年1月号 ❖ p124

㉓株式会社ヒロカワ製靴

靴製造販売業
http://www.scotchgrain.co.jp/index.htm 　🕮 2011年2月号 ❖ p130

㉔株式会社みやじ豚

養豚業、豚肉の販売業
http://www.miyajibuta.com/ 　🕮 2009年12月号 ❖ p132

㉕北星鉛筆株式会社

鉛筆などの筆記具および粘土・絵の具製造業
http://www.kitaboshi.co.jp/ 　🕮 2009年7月号 ❖ p134

㉖株式会社タニタ

健康計測機器等の製造業
http://www.tanita.co.jp/ 　🕮 2010年6月号 ❖ p138

㉗株式会社やまと

食品スーパーマーケット
http://www.j-gate.net/~yamato/ 　🕮 2009年4月号 ❖ p144

㉘読書のすすめ

書店
http://dokusume.com 　🕮 2009年5月号 ❖ p150

㉙レキシズル（株式会社渡部商店）

飲食店、広告代理店
http://www.rekisizzle.com/index.html 　🕮 2011年10月号 ❖ p152

㉚有限会社岡伊三郎商店

黒豆薄甘納豆「ゴリラの鼻くそ」等製造業
http://hanakuso.jp/ 　🕮 2008年6月号 ❖ p154

㉛ベルク（晴山商事株式会社）

飲食店
http://www.berg.jp 　🕮 2011年5月号 ❖ p156

㉜あらい商工葬祭協同組合

葬祭業
—　📖 2010年2月号 ❖ p160

㉝株式会社アイセイ薬局

調剤薬局、介護福祉事業
http://www.aisei.co.jp/　📖 2012年10月号 ❖ p166

㉞ゼルネットワーク事業協同組合

美容業の同業者組合
http://zele-net.com　📖 2008年12月号 ❖ p172

㉟株式会社サプリコ

日用雑貨の卸売業の連合組織
http://www.supplico.co.jp/　📖 2010年10月号 ❖ p174

㊱ハウステンボス株式会社

ハウステンボスの経営
http://www.huistenbosch.co.jp　📖 2012年8月号 ❖ p178

㊲中央タクシー株式会社

タクシー・空港送迎・旅行業
http://www.chuotaxi.co.jp　📖 2012年6月号 ❖ p184

㊳株式会社印傳屋上原勇七

皮革製品の製造販売業
http://www.inden-ya.co.jp/　📖 2009年3月号 ❖ p190

㊴石坂産業株式会社

産業廃棄物中間処理業
http://ishizaka-group.co.jp/　📖 2012年9月号 ❖ p192

㊵株式会社船橋屋

くず餅・あんみつ等の製造販売、和スイーツ等創作カフェ
http://www.funabashiya.co.jp/　📖 2009年10月号 ❖ p194

㊶ハーレーダビッドソン ジャパン株式会社

オートバイ製造会社の日本法人
http://www.harley-davidson.co.jp/　📖 2010年4月号 ❖ p198

㊷大里綜合管理株式会社

不動産の管理・売買・賃貸仲介業
http://www.ohsato.co.jp/　📖 2011年3月号 ❖ p204

㊸株式会社サンクゼール

ジャム、ワイン等の食品製造販売。ワイナリー、レストラン、ショップ等の直営。ブライダル業
http://www.stcousair.co.jp/　📖 2011年8月号 ❖ p210

㊹株式会社CONY JAPAN（スペースアップ）

住宅リフォーム業
http://www.space-up.co.jp　📖 2008年11月号 ❖ p212

㊺株式会社はせがわ酒店

日本酒を中心とする酒類販売、酒類卸売業、飲食店
http://www.hasegawasaketen.com/　📖 2009年1月号 ❖ p214

＊企業事例はそれぞれの取材時点の情報で書いています。企業によっては現在とは多少異なる場合もあります。各企業の「COMPANY DATA」は一部を除き2013年3月時点のものに更新しています。
＊本書で紹介する45社のなかには、筆者のコンサルティング先や、筆者のセミナーを受講した企業、またはランチェスター戦略について勉強したことのある企業が含まれますが、そうでない企業もあります。コンサルタントである筆者がランチェスター戦略理論に照らし合わせて分析していることをご了承願います。

目次

45社の成功事例をリアルに分析！ ランチェスター戦略「小さなNO.1」企業

第一部

「集中 × 差別化＝No.1」七社の事例分析

第二部

「何に集中し、どのように差別化し、Ｎｏ．１を目指すのか」三八社の事例分析

◇目次

CHAPTER 1 「不」を発見する

CHAPTER 2 雑魚《ざこ》は磯辺で

CHAPTER 7 変わらずに生き残るためには、自ら変わらなければならない

第三部

競争戦略のバイブル「ランチェスター戦略」その基本理論

本書の内容は、原則として初出時（掲載号については6〜8P参照）に基づいています。なお、肩書きおよび各社の「COMPANY DATA」は、一部を除き2013年3月現在のものです。また、数値・データを更新したものはその時期を明記しています。

撮影◆山本信介
カバーデザイン◆萩原弦一郎（デジカル）
本文DTP◆初見弘一（アスラン編集スタジオ）
編集協力◆渡辺稔大（アスラン編集スタジオ）

第1部

「集中×差別化＝No.1」
７社の事例分析

The Way of No.1
Lanchester Strategy

◈戦略とは一番になること～集中×差別化＝Ｎｏ．１～

戦略とは何か、一言で答えなさい。こう問われたら、筆者は**「戦略とは一番になること」**と答えます。そもそも顧客は、一番よいと思ったもの、一番好きなもの、一番信頼できるものをたった一つ選んで買います。トヨタのプリウスを選んだ人はホンダのインサイトは買いません。伊藤園のお～いお茶を買った人はサントリーの伊右衛門は買いません。顧客はそのとき、一番なものを選ぶのです。一番として選ばれることの少ない商品は市場から退場することになります。**一番として選ばれることがカテゴリーのなかで一番多い商品がＮｏ．１ブランドになる**のです。一番以外に何を目指すというのでしょうか。

さらにいうなら、一番といえども二番との差があまりない状態では不安定です。消耗戦になりがちで、収益性も高まりません。したがって、単なる一番ではまだ生ぬるい。**二番以下を圧倒するダントツでなければ、安定性、収益性は高まりません。**筆者がコンサルティングの指導原理にしているランチェスター戦略では単なる一番とダントツを分けて区分して、ダントツのことをＮｏ．１と呼んでいます。ランチェスター戦略の目的といってもよいでしょう。

しかし、いま、一番でない商品や企業がNo．1を目指せといわれても、夢のまた夢と思われるでしょう。市場全体でNo．1になることは確かに大変難しい。でも、市場を細分化し、部分的なNo．1なら、やりようはあるのではないでしょうか。これを「集中」といいます。商品や用途、地域、販売チャネル、顧客層など勝てそうな部分を見出し、重点化し集中します。集中というと自社の経営資源の重点配分という意味で使われていますが、筆者はそれでは不充分と思います。なぜならば、自社の経営資源を重点配分したところで、他社のほうがより多くの経営資源を投入しているとするならば、果たして勝てるでしょうか。大変厳しいといわざるをえません。**集中とは量的優位性を築くために、自社の経営資源を重点配分すること**です。

集中するからには負けは許されません。**質的優位性を築くために差別化**しなければなりません。差別化は他と違った売り物や、他と違った売り方という意味で使われていますが、**他よりもよくて違うもの、他よりもよくて違う売り方**ととらえるべきです。**集中し、差別化することで部分的なNo．1を目指すこと。これが戦略の原則**です。

第一部では「集中×差別化＝No．1」の原則によくあてはまる企業を七社紹介します。その上で、小さなNo．1企業が同業者と比べてどれだけ収益性が高いのか、統計調査した結果も示します。それではNo．1とは何かを感じとってください。

世界一の品質以外は目指さない医療機器メーカー

マニー株式会社　会長　松谷貫司 氏

やらないことを明確にすることで事業領域を集中し、世界一の品質の製品を生み出すマニー。主力である国内の外科手術用針市場でシェア七〇％超です。二〇〇一年にジャスダックに上場し、**年商九六億九三八二万円（二〇一一年度）**と規模は上場企業としては大きくありませんが、営業利益率三五・九％という超優良企業です。

マニーは一九五六年、松谷さんの父が外科手術用針製造業として創業しました。当時、手術針はドイツ製の輸入品が中心でした。外貨が貴重な時代です。国産で品質のよい手術針を供給しようと製品開発に取り組みます。マニーが開発したのはステンレス製の針です。かつて手術器具は鉄製でした。しかし、戦後になり、鉄よりも柔軟性があって形成しやすく錆びにくいステンレス製に切り替わっていきます。ただし、針だけは鉄製でし

【マニーの所在地】
宇都宮の郊外の本社と本社工場の他、ベトナム北部のハノイに海外生産の中核拠点がある。ハノイはかつてソ連が工場を建てた工業都市で、体質が素朴で高品質の製造が可能という。

た。ステンレスは鉄に比べて柔らかいという欠点があったからです。そこでマニーはステンレスを鍛えて、しなやかで錆びにくい強い針を開発したのです。

弱者は自ら売り切る力を持て

この画期的な手術針はすぐにブレイク……とはなりませんでした。卸問屋が積極的に取り扱わなかったのです。ステンレス製針は、錆びにくいので耐久性があり、鉄製よりも長持ちします。したがって需要が減ってしまうと考えたのかもしれません。実績に乏しい会社が開発したものは信用されなかったともいえます。それならば、と松谷さんはドクターに直接アプローチします。

「柔らかいステンレスでこれだけの強度が出せるはずはないとドクターが疑うのです。うちのステンレスの針は磁石にくっつくのですから、鉄と疑われても無理はありません。強くするために鍛えた結果、磁石に反応するようになっていたからです。そこで、目の前で針を炙って元に戻して見

松谷貫司会長

せました。磁石に反応しません。本当にステンレスだと認めてくれました。それでドクターが気に入ってくれたのです」

大病院の名医のお墨付きを得ました。全国の系列病院からステンレス製針の注文が卸問屋に入ります。こうなると卸問屋も積極的に取り扱うようになります。六五年頃には手術針で国内トップメーカーになります。

「弱者は自ら売り切る力を持て」が筆者の持論です。卸問屋は一番、すなわち強者の製品は熱心に売ります。一番の製品を取り扱えない卸問屋はその存在意義が問われるくらいです。一方で下位、すなわち弱者の製品には力が入りません。つまり、弱者メーカーは卸問屋に日参してもモノは動かないということです。**消費者・エンドユーザーに直接アプローチする“接近戦”を仕掛けなければならない**のです。差別化は製品のみならず、売り方も含めて取り組むべきものです。

七二年、まだ世に出たばかりのレーザーで針の穴を開けることに成功します。現在でも、直径一四〇ミクロン以下の針を大量生産できるのは世界でマニーだけです。マニーは手術針で世界一の品質を誇るメーカーとなります。国内シェアはダントツの七〇％超となり、世界市場に進出します。

《医療機器の販売チャネル》

マニーは創業時代は部品メーカー、現在は完成品メーカーでもあり、部品メーカーでもある

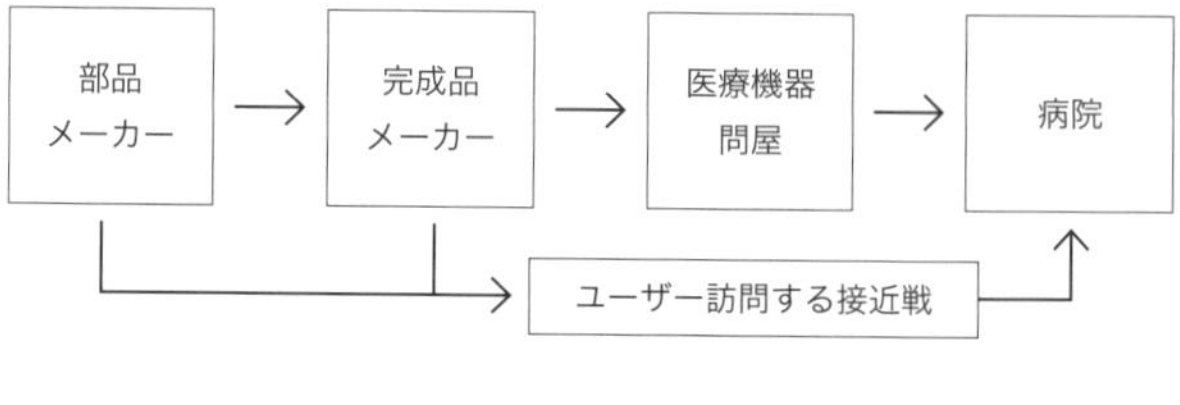

コア技術を活かして「飛地」でなく「隣地」へ進出

ただし、極めてニッチな手術針だけでは成長に限りがあるということも、松谷さんは気づいていました。企業の成長には四つの方向性があります。

①既存市場×既存製品＝市場浸透戦略
②既存市場×新規製品＝製品開発戦略
③新規市場×既存製品＝市場開拓戦略
④新規市場×新規製品＝多角化戦略

①の市場浸透戦略に限界がある以上、②③④の方向性を模索することになります。この場合、新規といっても周辺分野（隣地）と全くの新分野（飛地）があります。経営資源が充分にない製造業者は**コア技術を活かして隣地を攻めるのが鉄則**です。八〇年頃、松谷さんは外科用ナイフの開発に取り組みます。ところが、社業が傾くほどの大失敗に終わります。

「うちと同時期に世界的剃刀メーカーも新製品を開発していました。比較してみるとあちらのもののほうがよいのです。剃刀メーカーは板金が専

《アンゾフが唱えた企業成長ベクトルを応用》

		製品・技術		
		既存	周辺	新分野
市場	既存	①市場浸透戦略	②製品開発戦略	
	周辺	③市場開拓戦略	④多角化	
	新分野			

門。板から切れ味の鋭いナイフをつくる技術を持っています。こちらは針金の技術はあるが、板金の技術はないというのが敗因です。針金以外には手を出してはならないことを痛感しました」

松谷さんは大失敗から大きな教訓を得ました。

●世界一の品質以外目指さない
●医療機器以外扱わない
●製品寿命の短い製品は扱わない
●ニッチ市場以外に参入しない

このとき、マニーの基本方針が固まったのです。

マニーのコア技術はステンレス針金の微細加工技術です。この技術を活かせる周辺分野が隣地で、外科手術用ナイフは飛地でした。では、隣地にはどんな市場があるのか。

それは、歯科治療用と眼科手術用の器具でした。一見、飛地のように思えますが、実は技術も市場も隣地なのです。というのも、眼科用ではナイフも開発したのですが、板金ではなく、針金をつぶしてつくりました。国内シェア四五％にも達しています。歯科用では世界シェア五〇％に達する

《マニーの企業成長ベクトルを応用》

		製品・技術		
		既存	周辺	新分野
市場	既存	外科用手術針		
	周辺		眼科用ナイフ 歯科用治療具	外科用ナイフ
	新分野	世界市場		

※外科用ナイフは失敗

品目もあります。

外科手術用針は糸メーカーへのＯＥＭ（相手先ブランドによる製造）供給が中心ですが、歯科用、眼科用は完成品メーカーとして製造販売しています。ＯＥＭ先はたくさんあり、いわゆる下請けではありませんが、歯科・眼科の完成品でマニーはより接近戦を展開しやすくなりました。

世界一の品質を世界のすみずみへ

マニーでは年に二回、「世界一か否か会議」が開催されます。ライバル製品と徹底的に比較し、世界一か否かを客観的に検証します。世界一でなければ、すぐにカイゼン。できなければ販売を中止します。

また、松谷さんはじめ社員全員が、鮮やかな黄色いジャンパーの制服を着ています。その背中にはTHE BEST QUALITY IN THE WORLD,TO THE WORLDの文字が。世界一の品質を世界のすみずみへ、との営業基本方針を全社員が背負っているのです。松谷さんの世界一への想いは今、社風としてしっかりと根づいています。

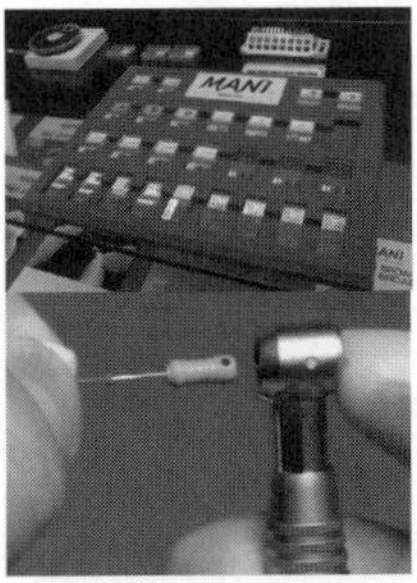

（上）マニーの治療器具は品揃えが多彩
（下）コア技術を活かした歯科治療器具「ファイル」

COMPANY DATA

マニー株式会社

- ■創業：1956年
- ■代表：松谷貫司（執行役会長）、松谷正明（代表執行役社長）
- ■所在地：栃木県宇都宮市
- ■事業：医療機器製造業
- ■年商：96億9382万円（2012年8月期）
- ■従業員数：284名（2012年8月末現在）
- ■http://www.mani.co.jp/

缶ビール一本でも無料で届けることで東京最大の酒屋となる

株式会社カクヤス　社長　佐藤順一氏

缶ビール一本から配送無料で、東京二三区内ならどこへでも、三六五日休みなく指定の時間帯に届ける究極のサービスで東京最大となった酒店カクヤス。なぜ、そこまでやるのか。一体どうして成り立つのか。

カクヤスは一九二一年、佐藤さんの祖父が街の酒屋さんとして東京北区の王子に創業。佐藤さんの父の代で飲食店など業務用の販売も始め、業務用が主で個人用が従となります。八一年、佐藤さんが入社したときには年商七億弱、従業員一六名。街の酒屋さんとしては大きな店でした。やがてバブル景気が訪れ、飲食店のアルコール需要は拡大。業績も絶好調でした。

しかし、バブルがはじけ、飲食店需要は激減。佐藤さんは関連事業として経営していたコンビニを酒のディスカウントストア（DS）に業態転換し、個人需要を掘り起こすことにします。九二年、佐藤さんが社長に就任

店舗

する前年です。

「当時、ビール価格の自由化もあり、酒ＤＳが次々と開店していました。業務用の落ち込みを何とかカバーしようと、当社も酒ＤＳを始めることにしたのです。ところが、元々のコンビニの立地や規模が酒ＤＳに合いません。ＤＳとはロードサイドでお客様が車で買いに来るビジネスモデルです。当店は車の入りにくい奥まった場所で駐車場もない。当時の酒販免許では移転もできない。これでは成り立たない。そこで配送することを思いついたのです。業務用ではもちろん配送していました。需要が減って配送員も余っていたので。当初は一回三〇〇円の配送料をいただいていました」

【国内酒類市場動向】
市場規模は九六年度の七兆円をピークに縮小傾向。二〇一一年度は三兆六〇〇〇億円とピーク時から半減。

差別化の三拍子――「いつでも」「どこへでも」「どれだけでも」

「配送範囲をどうしようかと考えました。ＤＳは郊外ロードサイドですから一般に商圏は半径五ｋｍ程度を設定します。当店は自転車商圏だから一ｋｍ程度かなと思ったのですが、地図を見ていると、ちょうど一ｋｍの線に団地がかぶっていました。この団地も範囲に入れたいと一・二ｋｍと

佐藤順一社長

設定しました」

計画段階では郊外のロードサイド酒DSを競合視していましたが、実際には半径一・二km圏内の既存の酒屋さんと競合します。酒屋さんも配送をしているので、カクヤスの競争優位性は価格の安さです。三〇〇〇円とはいえ有料で配送していると、この安いイメージが損なわれます。そこで、**客単価と配送回数をシミュレーションしてみると買上金額によらず配送無料でも採算がとれる**ことがわかりました。缶ビール一本からでも配送無料を打ち出すことになります。

カクヤスは二〇〇〇年までに二三区内に二八店舗を構えるまでに成長します。ところが、第二の危機が訪れます。〇三年に酒販免許の大幅な規制緩和により、ほぼどこでもアルコール類を販売できるようになることが決まったのです。また、九六年には七兆円以上あったアルコール需要は年々縮小傾向にあり、薄利多売の酒DSという業態が成り立ちにくくなることも予想されました。

佐藤さんは次のように考えます。

《これからは価格ではなく付加価値勝負の時代になる。生き残るには、

〖半径一・二kmの宅配範囲〗

・半径一km　　→面積三・一k㎡
・半径一・二km→面積四・五k㎡
・半径一・五km→面積七・一k㎡

一kmも一・二kmも一・五kmも距離としては大差ないようだが、面積にすると大きな差となる。三k㎡だと販売効率が悪く、七k㎡だと配送効率が悪くなる。
また東京二三区の駅間は一kmから一・五kmの距離であり、平均すると一・二km前後となる。左図のように二駅に一店の割合で出店すると沿線全駅をカバーできる。

どのような付加価値が必要か。スーパーのような品揃えはできない。コンビニのような利便性はない。無料配送しかない。しかしそれがうまくいっても、大手資本が宅配業者と組んで追随されてはひとたまりもない。**宅配業者がやらない、やれない配送の仕組みをつくらなくては勝ち残れない。**

配送は時間、エリア、量の制約がある。しかし、これは売り手都合だ。買い手は縛りのない真に便利なお届けサービスを望んでいるはず。時間と量はすでに確立している。エリアは出店エリア内だけだ。これではわかりにくい。東京二三区全域どこへでも届けることにしなければ、お客様には価値が伝わらない。

一二〇店程度の出店をすれば半径一・二ｋｍのカクヤスモデルで二三区全域をカバーできる。あと一〇〇店近く出店しよう。デッドラインは〇三年だ》

とてつもない構想に役員は反対しますが、佐藤さんは押し切り、出店を加速させます。〇三年以降は酒販免許が実質的に無価値になるため廃業する酒屋が相次ぎ、買い物件にこと欠きません。〇三年までにすべて直営で一一六店出店し、二三区全域をカバーするにいたるのです。

《カクヤスの出店モデル》●が店舗、▒が駅

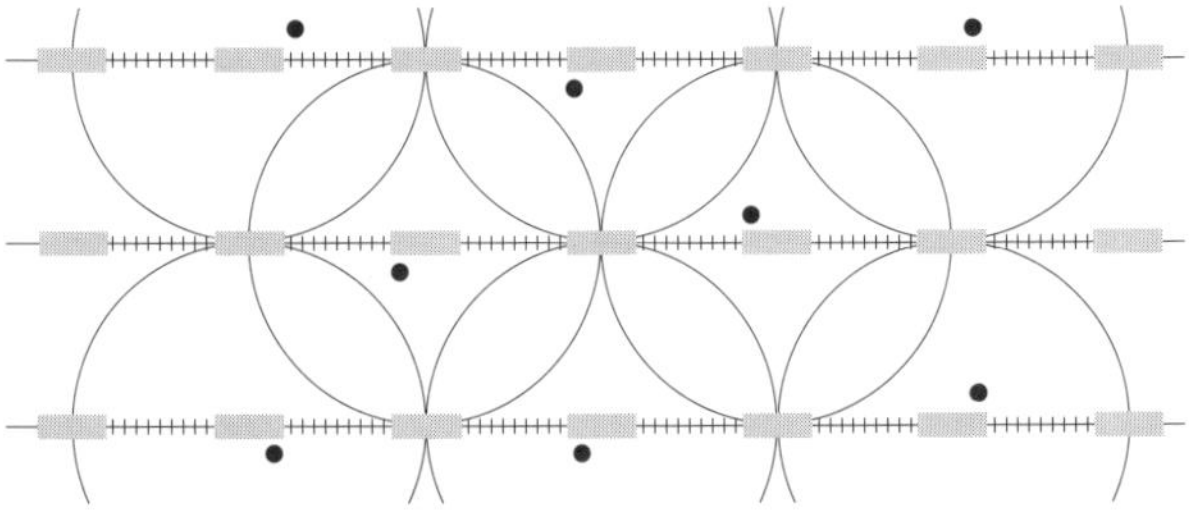

こうして、「いつでも」「どこへでも」「どれだけでも」の差別化コンセプトが確立しました。**三拍子揃うことで模倣が困難な差別化となり、三拍子が相乗効果をあげるので爆発的な訴求力となります。**

ところが、出店したうち、半数が赤字状態です。地域によってカクヤスのサービスの必要度が異なります。近隣店との競合環境も異なります。何よりも価格と違って**付加価値のアピールは浸透するのに時間がかかります。**

「個人宅だけで採算がとれないのなら、飲食店を開拓しようと思い立ちました。当社はもともと業務用の酒店で、営業員もいます。二三区内には飲食店が一一万軒もあります。一店あたり約千軒をローラー訪問しました。セールストークは『困ったときだけ、カクヤスにご連絡ください。いつでも、どこへでも、どれだけでも無料でお届けします』」

飲食店へのアルコール類は業務用酒販店が納入していますが、原則として前日注文、翌日配送です。しかし、飲食店は当日、急にビールが足りなくなることも多い。そんなとき、通常の仕入れ先は対応できませんので、割高になりますが近場の酒屋に届けてもらったり、買い出しに走っていました。これを解決するというのですから、楽々と新規開拓に成功します。

〘カクヤスの「いつでも」〙
カクヤスは年中無休で朝10時から夜10時まで営業。配送時間も1時間単位で指定できる。

〇三年から三年間で個人向けと同等の売上をあげるようになり、〇六年、カクヤスは黒字転換したのです。

玄関先を押さえるカクヤスモデルの可能性

半径一・二キロは世帯数にして三万五〇〇〇世帯、飲食店数にして千軒。いまでは一五％の世帯、三〇％の飲食店をカバーする圧倒的なビジネスモデルを構築しました。一〇年度の年商は七九四億円と佐藤さんの入社時の一〇〇倍になりました。

いま、学者やコンサルタントの間ではカクヤスはアマゾンやアスクルに匹敵する宅配モデルとして注目されています。百貨店、スーパー、コンビニと小売の主役は段々と消費者に近づいてきました。これからは玄関先を押さえたものが小売の主役になると。しかし、アマゾンもアスクルも、その肝心要な玄関先に届ける機能を外部委託しています。**全店全配送を自前で行なえるのはカクヤスだけです。**このインフラの可能性は無限大です。すでに文具と生花は取り組み始めています。可能性は益々広がります。

COMPANY DATA

株式会社カクヤス

- ■創業：1921年
- ■設立：1982年
- ■代表：佐藤順一
- ■所在地：東京都北区
- ■事業：酒類・食品等の業務用・家庭用販売業
- ■年商：1016億円（2012年３月期）
- ■従業員数：1100名（2012年３月末現在）
- ■http://www.kakuyasu.co.jp/

配送車

地域No.1戦略で高収益となったリフォーム会社

有限会社アサダ建設　社長　浅田久太氏

人口一万五〇〇〇人、約五千世帯の長崎県波佐見町《はさみ》。ここに全世帯の一四%を自社の顧客とする年商二億円の住宅リフォーム会社・アサダ建設があります。

一九七七年、大工だった浅田さんが棟梁として独立、工務店を創業しました。地元の知り合いの戸建て住宅の新築と、建てた後のリフォームの仕事をする典型的な棟梁型工務店です。大工職人を自社で抱えて育てながら、よい仕事をしてきました。

ところが、住宅建築のやり方が、この間、大きく変わってきました。現場施工前に工場などで原材料を切断・加工を施しておくプレカットが普及し、木造住宅もプレハブ住宅のような建て方をするようになったのです。プレカットにより工期が短縮され工賃も安くなります。**価格競争が激化し**

【**長崎県波佐見町**】
波佐見町は港町の佐世保から二〇キロ、山のなかに入った谷間の小さな町。県境で峠の向こうは佐賀県有田市。有田焼の陰に隠れて知名度は低いが波佐見も磁器の町だ。人口一万五〇〇〇人、約五〇〇〇世帯。

ます。この競争は規模が大きなものが有利。時代の流れは棟梁型工務店に生き残りの選択を迫ります。

「この時代、職人としてやりがいを感じるのは、腕が問われるリフォームです。自社直属の社員として育ててきた大工職人の腕も十分に発揮できます。そこで、リフォーム中心でやっていこうと決心しました。しかし、当社は長年、営業活動をしたことがありません。口コミで仕事をいただいてきたのです。いったい、どうすればリフォームの仕事をどんどんいただけるようになるのか。そんなとき、仕入先の建材メーカーのトステム―現ＬＩＸＩＬ（リクシル）―からリフォームのフランチャイズ・チェーン（以下、ＦＣという）に加盟しないかと誘われたのです」

コミュニケーションの質と量で勝ち残る

二〇〇〇年、浅田さんは、トステムが主宰するホームウェルというＦＣに加盟します。ホームウェルは「サイクル型工務店経営」を基本方針にしています。これは、顧客の住宅の経年変化や家族のライフサイクルの変化

【国内住宅市場（新築とリフォーム）動向】

国内の新設住宅着工戸数は七二年一八六万戸がピーク。アサダ建設創業の七〇年年代後半は一五〇万戸前後を推移。以降、上下はするものの、〇八年まで一〇〇万戸を割り込むことはなかった。〇九年以降は八〇万戸台で推移している。

一方､リフォーム市場は一一年七・五兆円から一五年には八・五兆円に拡大するとの民間調査機関の調査報告もあり、新築からリフォームへ市場の軸が移りつつある。

浅田久太社長

で数年に一度発生するリフォーム需要を獲得していく息の長い顧客密着経営です。常に新規客を追い求める狩猟型の営業ではなく、**一軒の顧客と長年コミュニケーションし続け、いざ、需要が発生したら第一に相談していただける信頼関係を築く農耕型の営業**です。そのため、顧客情報を正確に詳細に把握する情報システムと、持続的なコミュニケーション活動が重要になります。

「これまで仕事をいただいたお客様には年賀状を送るくらいのことしかしていませんでした。お客様から仕事の連絡があるまで、こちらからアプローチしたことはなかったのです。それが、加盟したら、まず、社長自身ですべてのお客様に挨拶訪問をしなさいというのですから、まいりました。自分をPRするなんて、こっぱずかしくて、とてもできないな、と。でも、しようがない。覚悟を決めて訪問してみると、お客様は思いのほか、好意的でした。何年も顔を出していなかったのに挨拶にうかがっただけで何件かの仕事をいただけたのです」

長年、地域で口コミだけで仕事をしてきた会社です。丁寧な仕事ぶりで信頼されてきたからこそでしょう。加盟二年目で売上は前年比一・七倍に

【LIXIL（リクシル）と協働の理念】
LIXILとはトステム、INAX、新日軽、サンウェーブ、東洋エクステリアが一一年に統合してできた建材・住宅設備の総合メーカー。その営業戦略の一環として住宅やリフォームのFCをいくつも主宰する。
トステムの創業者・潮田健次郎氏は「協働の理念」を提唱。「独立した企業が互いに自主独立を尊重しながら同一の目標を持ち、その完成のために協力することで各自の成果を最大に高めること」。これがLIXILのFCの理念として受け継がれている。

なり、三年目で一億を超えます。仕事が忙しくなったので、お客様訪問活動を行なうスタッフをパート雇用します。地元の主婦です。パートさんはお客様に工事後の住み心地や使い勝手を尋ねながら、網戸交換、水道の水づまりなど、どんな些細《ささい》なことでも遠慮なく声掛けしてくださいと情報紙やチラシを持参しながらコミュニケーションをとります。リピート注文が少しずつ発生します。

営業体質が整ってきたので、○四年にはショールーム付きの事務所を構えます。体制を整え、需要に対して積極的に取り組んだことで新規客を獲得できる体質になります。新規で受注したら、まず、工事現場近隣に挨拶訪問を行ないます。これは**工事でご迷惑をおかけするので挨拶をするのですが、同時に見込み客発掘のための大義名分のある営業行為です**。工事が完了して引き渡したら、お礼状を出し、お客様満足度アンケートを実施。そしてパートさんによる定期的な挨拶訪問。

さらに年に数回は大工さんが道具箱を持って訪問。ちょっとした修繕なら、その場でやります。大工仕事は一般に専門特化されていて水道工事と電気工事は別の職人がやるものなのですが、アサダ建設では社員大工です。

リフォーム業に絞り、信頼できるＦＣに加盟

簡単な仕事なら何でもこなせるように（多能工という）育ててきました。このようにして**コミュニケーションを欠かさないため、次の仕事につながる**のです。「サイクル型工務店経営」のサイクルが回り始めたのです。

地域No.1戦略で、地元で知らない人のいない会社に

○四年には年商一億三〇〇〇万円を突破しますが、○七年までの四年間、一億五〇〇〇万円の壁を突破することができません。会社の力は総合的に高まっているのですが、踊り場状況にありました。そんなときに、FC本部から提案されたのが「地域No.1戦略」です。**営業エリアを細分化してダントツに強い地域を一つひとつつくっていく**地域戦略の推進です。

「わずか五〇〇〇世帯の波佐見町を中心に仕事をしてきた私どもからすれば、すでに地域を絞っているのに、さらに絞れといわれてもと思いましたが、いわれた通り、地図上に自社のお客様の印をつけてみると、思いのほか、お客様が広い範囲に散らばっていたのです。地元を強化し、地盤固めしようと思いました」

『**地域No.1戦略の効果**』
地域を細分化し市場占有率No.1の地域を一つひとつつくっていく戦略。狭い範囲でも地域一番店として競争することは極めて有利。また、地域を限定すると営業員などのスタッフの活動効率が高まり、生産性も上がる。

波佐見町を四地区に区分し、店舗周辺地区をダントツにするべく、チラシの定期的ポスティングなどに取り組んだ結果、〇七年に八・七％の世帯カバー率（持家世帯に対する自社顧客世帯の割合）が一一年には二六％に上昇。年商は二億円を突破。地元では一〇〇〇世帯の中に二六〇世帯のお客様がいるということです。町全体でも一四％となりました。

こうなると何が起こるのか。近所のどこかでいつも工事をしています。地元で知らない人のいないリフォーム会社となります。リフォームを思いたったら、**第一に思い浮かべる店になります。呼ばれたらすぐに訪問できます。**移動時間が短いですから商談時間も多く確保できます。相見積もりとなるケースが減り、はじめから指名受注となります。結果として粗利益率は三〇％から三五％に向上。

売上額も粗利率も生産性も上がるわけですから、さらにお客様と地域に愛され、必要とされる会社になることに投資する余力が生まれました。夏休みには地元の子供を集めて木工教室、秋には感謝祭というイベントを開催。五〇〇人も来場します。「五〇代からの夫婦二人の小さな家」というコンセプトのモデルルームもつくるなど積極的に事業展開しています。

COMPANY DATA

有限会社アサダ建設

- 創業：1977年
- 代表：浅田久太
- 所在地：長崎県東彼杵《ひがしそのぎ》郡波佐見町
- 事業：住宅リフォーム業
- 年商：２億円
- 従業員数：12名
- http://www.homewellfc.com/5000056/

「五〇代からの夫婦二人の小さな家」がコンセプトのモデルルーム

キャリアカウンセラー養成の〝代名詞〟的機関

株式会社日本マンパワー　代表取締役　加藤智明 氏

日本マンパワーは一九六七年創業の人材紹介業の草分けです。紹介業と人材教育業の二本柱を中心に多角化していきます。ところが、紹介業にも教育業にも大手資本の参入が相次ぎ、巨大企業がひしめくようになり、同社の経営は苦しくなります。そんなとき、同社から独立していた加藤さんが呼び戻され、やがて代表取締役に就任。再建を託されます。

「以前は『総合人材開発会社』といっていましたが、私が代表取締役になって、**『キャリア開発支援』のNo．1企業を目指そう**、お客様から『キャリアといったら日本マンパワーだよね』と思ってもらおう、と宣言しました。いま、標準レベルのキャリア・コンサルタント（キャリアカウンセラー有資格者）は国内に三万人強いますが、そのうち、当社で勉強された方は一万人以上です」

人材が流動し働き方が多様化する現代に、雇用する企業は採用・教育・

CDA通学コースの受講風景

【キャリアカウンセラーの国内最大のコミュニティを運営】

同社で資格を取得すると、様々なサポートが受けられる。全国八支部で研究会、勉強会、交流会を開催。希望者には実践の場も提供している。

評価・配置・再就職支援の人材サイクルをどう回していくのか。雇用される個人は、どのようなキャリア・プランを考えていけばよいのか。雇用する側とされる側のよりよい関係づくりを担う専門的な仕事が社会から求められます。これが、キャリアカウンセラーです。

九九年、日本マンパワーはキャリアカウンセラーの養成講座を日本で初めて開講。厚生労働者がキャリアカウンセラー（厚労省はキャリアコンサルタントと呼ぶが、意味は同じ）を五万人養成する方針を打ち出す二年前です。加藤さんは不採算事業を撤退もしくは縮小し、分散していた力や資本を勝てる分野のキャリアに集中します。

「キャリアカウンセラー養成講座は、市場規模は二〇億円程度です。**ニッチですから大手が全力を投入するような市場ではありません**。この分野ならNo．1になれると考えました。」

キャリアカウンセラー市場は単独では確かに小さい。**しかし、裾野は広いです**。社員のキャリア研修、企業のキャリア相談室・再就職支援室の運営、行政や学校の就職支援機関の運営など。キャリアカウンセラーのNo．1企業だから受託できる仕事は多いのです。

加藤智明代表取締役

COMPANY DATA
株式会社日本マンパワー

- ■創業：1967年
- ■代表：加藤智明
- ■所在地：東京本社ほか全国28拠点
- ■事業：キャリアカウンセリングを中心とした人材開発業
- ■年商：41億円（2012年3月期）
- ■従業員数：240名
- ■http://www.nipponmanpower.co.jp/

インターネットで世界一、風呂敷を売る店

ふろしきや（有限会社プラネッツ）社長 倉田稔之 氏

倉田さんは一九六二年創業の呉服屋の二代目です。ですが、二代目を継ぐ気はなく、デザインの仕事をしていました。インターネットが普及し始めた九六年、ウェブサイトの制作に実験的に取り組みます。日本の伝統文化である呉服を世界に発信し、通信販売するサイトを立ち上げます。

転機は二〇〇〇年に訪れます。インターネット・ショッピングモールの楽天市場が急成長し、そこに出店する店の一部がネット通販の事業化に成功するケースが出始めたのです。倉田さんは家業を継ぎ、楽天への出店を決断します。呉服屋の創業者である母の千恵子さんと相談し、呉服全体を取り扱うのではなく、風呂敷に絞ることにします。四年間の実験で一番売れたのが風呂敷でした。通販に向いていることがわかりました。

「『ふろしきや』は楽天のなかで風呂敷を取り扱う店としては三番目でした。当店を選んでいただくために、『ふろしきや』は何ができるのか。

一升瓶の包み方を実演する倉田千恵子氏

【ネットだけで三〇〇〇枚売るわけではない】
風呂敷専門店No.1となると法人・団体需要の引合いが来る。名入れやオリジナルの風呂敷の一括大量発注が月間三〇〇〇枚を実現する。

第一の売りは母ではないかと。母はその時点でキャリア四〇年、七〇歳近い超ベテランの呉服屋の女主人です。ＴＰＯに合わせた着物の着方をお客様にお教えすることで信頼を得てきたのです。風呂敷もＴＰＯに合わせて使うべきものであることを母は知り尽くしています。包み方にもいろいろあります。酒瓶の包み方、丸いものの包み方と。そんな日本の伝統的生活習慣、様式文化を〝おばあちゃんの知恵〟的に情報発信できるのです。

第二の売りは圧倒的な品揃え数です。『ふろしきや』が出店した時点で、楽天には三〇〇種の風呂敷が販売されていましたが、そのうち一〇〇種は当店のものでした。**出店時から品揃え数で一番店**だったのです」

呉服全体ではなく風呂敷という小さく、斜陽のため盲点となっている一部分に集中する。その上で風呂敷分野では一番大きな店になるように品揃えする。そして、おばあちゃんの知恵的な使い方の情報提供で差別化する。

現役最年長の楽天店長の千恵子さんは大いに話題となり、『ふろしきや』は楽天屈指の名物店となるのです。こうして、九〇〇種を品揃えし、二万枚を在庫し、月間平均三〇〇〇枚を売る世界一の風呂敷専門店となったのです。

倉田稔之社長

COMPANY DATA

ふろしきや（有限会社プラネッツ）

■創業：1962 年　■設立：2001 年
■代表：倉田稔之
■所在地：茨城県常陸大宮市
■事業：ネットショップ「ふろしきや」および呉服店、広告デザイン業
■年商：非公開　■従業員数：２名
■http://www.rakuten.co.jp/furoshikiya/
http://www.furoshikiya.jp

工場配管用の耐圧ビニールホース70%シェア

株式会社トヨックス　社長 宮村正司 氏

トヨックスは一九六三年、プロパンガス用ビニールホース製造業として創業。それまでのホースはゴム製でした。ゴムは固いけれど弱い。扱いにくく踏んだらガスが溜まってしまう欠点がありました。そこでビニールにピアノ線を巻きつけることで柔らかいけれど強い耐圧ビニールホースを開発します。

順調に業績を伸ばしますが、ガス用ホースにビニールを使うことに規制がかかってしまいます。トヨックスは工場配管用ホース市場に後発参入することにしました。

先発強者メーカーは関東の企業でした。参入にあたり、トヨックスは**先発強者が重視していなかった中京地域から入っていきました。**続いて関西、瀬戸内、九州と名古屋以西を固めたうえで、最後に最大市場でかつ先発強者の本拠地の関東を攻略していきます。そして八〇年代半ばにトップメー

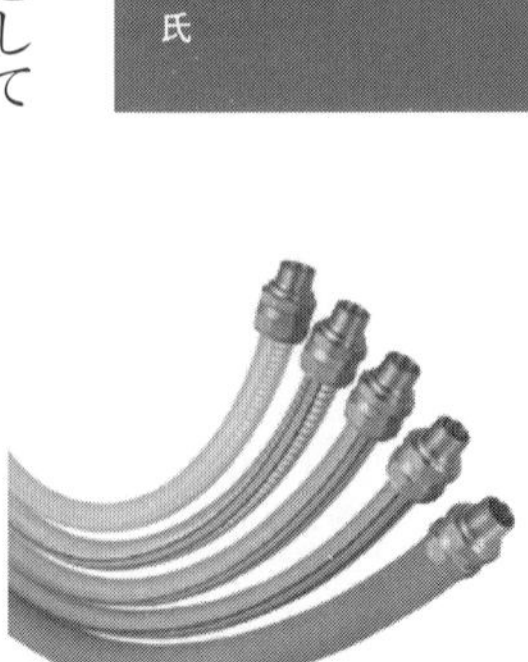
工場配管用ホース

【工場用ホースの販売チャネルと同社の接近戦】
工場のホース類はゴム問屋といわれる卸商社（メーカーから見て一次店）から工具店・工事店など工場と直接取引する直需商社（二次店）を経て工場に納入される。トヨックスはこの流通網を活用しながらも、商社まかせの販売ではなく、ユーザー工場への同行訪問を重視する接近戦を展開している。

カーになります。いまでは**占有率七〇％**です。

工場配管には色々なものが通ります。水や空気のような少々漏れてもかまわないものを通すホースは価格勝負となりますが、劇薬や高温のものなど絶対に漏れてはならないものを通すホースは性能勝負です。トヨックスは**「どうしても必要とされるまで違いのある商品」**にこだわっています。特許など知財を多数保有しています。

トップメーカーになってからは用途別、流体別にフルラインで品揃えをするとともに、圧倒的な生産体制を構築しました。また、シャワーや洗濯機などのホース部門をＯＥＭ供給、家庭用園芸散水ホース、アジア進出など多角化を進めてきました。

現在、注力しているのは継手《つぎて》金具事業です。ユーザー工場へ同行訪問して、工場配管の困りごとを聞いていると、ホースはいいけれど継手に不具合があって困っているとの声が多数あります。

自社のさらなる競争力強化のためと、自社の成長ベクトルを考え、継手金具事業に進出しました。主力事業を**「ホースと継手の最適ソリューション企業」**と再定義したのです。

宮村正司社長

COMPANY DATA

株式会社トヨックス

- ■創業：1963 年
- ■代表：宮村正司
- ■本社所在地：富山県黒部市
- ■事業：耐圧ビニールホース製造業
- ■年商：72 億 6000 万円
- ■従業員数：300 名
- ■http://www.toyox.co.jp/

コミック本の専用包装機で市場をほぼ独占

株式会社ダイワハイテックス　社長 大石孝一 氏

ダイワハイテックス（以下、ダイワという）は一九七八年、包装機器販売代理店として創業し、八〇年、コミック本を包装する機器を開発し、メーカーとなりました。きっかけは、ある書店主がコミック本の立ち読みをする人が多く、本が汚れて困っていると聞いたことです。手作業でビニール包装されることはあっても機械で包装することのない時代に、世界で初めて包装機をつくったのです。

世の中にない機械です。その価値は説明を受けても理解しにくいものです。書籍取次店（卸問屋）に相談しても始めは相手にされませんでした。そこでダイワは直接書店にアプローチし、**無償でお試しをしてもらう**ことにしました。試しに使ってみるとまことに便利な機械であることが明らか。注文が入り始めます。

売れることがわかれば卸は動きます。包装して立ち読みできなくした場

ダイワハイテックスの包装機「コミックシュリンカー」

【売ることよりも売った後が大切】
機器トラブルが起きたと連絡があれば、ダイワは理由の如何を問わず、直ちに代替機を発送。書店の包装作業を途切れさせることを最低限に抑えている。機器は分割できるように設計されており、バラせば宅配便で送ることができるので、全国のアフター・メンテナンスを少ない人員数で行なえる。

合といままで通り包装せず立ち読みできる場合、どちらの方が売れるのか、書店と調査を行ないます。結果、包装した場合が一五％も多く売れました。これによりコミック本の包装機は急激に普及していくのです。

後発企業も参入してきますが、すぐに撤退していきました。なぜか。第一に性能差です。ダイワは機器をバージョンアップしています。いままでは毎時一四〇〇冊が全自動で包装できるのです。第二に書店が新店舗を開店するときに包装作業を手伝いに行くことです。書店はこれをあてにしています。開店が決まれば、書店のほうから応援依頼が来ますので、この**ビフォアサービスにより、後発がつけ入る隙がない**のです。

第三にダイワは**機器販売よりも販売後の消耗品で利益を出すビジネスモデル**のため、機械だけで稼ごうとする後発包装機メーカーはイニシャルコスト競争で太刀打ちできません。

これらの参入障壁でダイワはコミック本の包装機市場をほぼ独占しているのです。ただし、小さな市場です。成長には限りがあります。そこで、ダイワは主力事業を「書店繁盛支援業」と再定義し、書店の万引防止システムなど多角化を進めています。

大石孝一社長

COMPANY DATA
株式会社ダイワハイテックス

- 創業：1978 年
- 代表：大石孝一
- 所在地：東京都板橋区
- 事業：書店向け包装機器製造業
- 年商：11 億 1400 万円
- 従業員数：51 名
- http://www.daiwa-hi.co.jp/

小さくてもＮｏ．１は高収益企業！

第一部では、小さなＮｏ．１企業を七社紹介しました。大手企業が手を出しにくいニッチ（隙間、くぼみの意）市場に自らの生存領域を定め、集中し、専門特化し、付加価値の高い商品・サービスを提供する他の追随を許さない戦略です。

では、小さなＮｏ．１企業はどれだけ強い会社なのか？　筆者はランチェスター戦略学会の仲間（＊ランチェスター戦略学会「シェアと利益の相関関係」研究班）と調査しました。その結果、**小さなＮｏ．１企業は同業者と比較してきわめて高い収益性を持っている**ことが確認できました。ここでは、その調査結果を報告します。

小さなＮｏ．１企業のサンプルは『元気なモノ作り中小企業３００社』二〇〇六年版・二〇〇七年版より、特定市場で高い占有率があることが確認できる企業を選びました。同書は中小製造業を支援する政策の一環として、優良中小製造業者を紹介するもので、中小企業庁より刊行されています。

そのうち、三一社、計八九事業年度分の決算書を入手することができました。単年度だとバラツキが大きい可能性があるので原則、三期分です。一部の企業は二期分しか入手できませんでした。これをサンプルとしました（サンプル企業は次頁の図表1参照）。第一部で紹介したマニー、トヨックス、ダイワハイテックスの三社が入っています。

次に比較対象です。サンプルとした小さなＮｏ．１企業と日本標準産業分類で同分類の企業を同業者とします。同業者の平均像はＴＫＣ経営指標ＢＡＳＴの指標値に求めました。ＢＡＳＴ（Business Analyses and Statistics by TKC）とは職業会計人集団ＴＫＣが分析する経営指標です。売上規模五〇〇万円から一〇〇億円までの企業二二万社以上分を保有する、財務諸表としてわが国最大のデータベースです。

統計方法は、この種の調査をする際に用いられる「ｔ検定」という統計手法で分析しました。その結果は次の通り（各指標の計算式は49ｐの図表2参照）。**数字は同業者平均よりも小さなＮｏ．１企業が、どれだけ優れているのかを示しています。**

たとえば１－①の「総資本営業利益率」は、高ければ一・七倍優れ、低くても一・二倍優れていることを示します。この範囲の中に小さなＮｏ．１企業が位置するという意味です。

1　企業財務の総合性指標

①総資本営業利益率……一・七〜一・二倍の優位性

図表1　サンプル企業の概要

会社名	概要	売上(億円)	従業員数
ゼライス(株)	一般向け食用ゼラチンの生産高日本一	45.4	124
中京油脂(株)	ウレタン用離型剤国内シェア60%	58.2	80
(株)トヨックス	耐圧ホース国内シェア70%	64.6	256
(株)エージック	自動車用酸素センサー部品世界シェア46%	20.3	83
東亜電工(株)	切削工具類では国内シェア70%	10.7	49
三豊機工(株)	冷間圧造工具「ダブルヘックス」は国内シェア70%	38.4	235
(株)日本パーツセンター	防風・防砂・防塵・防雪フェンス国内シェア60%	38.9	110
(株)山本製作所	ディスクブレーキパッド国内生産の40%	84.8	245
(株)タイガーカワシマ	穀類の自動選別計量機パックメイトは市場シェア45%	26.7	110
マコー(株)	自動車関連の表面処理装置国内シェア90%	22.3	76
三木プーリ(株)	軸継手国内シェア60%、ベルト式無段変速機80%	123.8	317
東洋電機(株)	エレベーター用センサー国内シェア70%	78.6	180
(株)植松電機	ショベル用マグネットシステムは国内シェア90%	3.8	17
北原電牧(株)	乳牛の給餌自動装置国内シェア80%	13.5	42
ウチヤ・サーモスタット(株)	ヘアードライヤー用サーモスタット世界シェア60%	34.9	86
(株)タイコーデバイス	自動車電装用リレー国内シェア42%、世界シェア13%	73.0	99
平沼産業(株)	自動滴定装置の国内シェアの約40%	11.5	104
(株)テクノメディカ	自動採血管準備装置は、国内シェア90%	59.1	125
朝日インテック(株)	医療機器の開発・製造。国内シェア40%超	102.6	331
(株)ダイワハイテックス	コミック・シュリンカーの市場占有率は100%	10.7	40
児玉鋳物(株)	コンクリートパイル製造用遠心機で国内シェア50%	6.2	24
同和鍛造(株)	大型フォークリフトのツメの国内シェア95%以上	30.7	80
(株)不二製作所	サンドブラスト装置を開発。世界シェア90%	49.9	220
(株)モリカワ	洗浄装置からの溶剤ガス回収装置で国内シェア60%	10.7	30
(株)東洋精米機製作所	とぎ汁を出さない無洗米製造機国内シェア70%	69.7	170
(株)エリオニクス	超高精度電子ビーム描画装置では国内シェアの80%	25.6	81
(株)インターアクション	撮像半導体の検査用光源装置では世界シェア60%	19.1	91
マニー(株)	手術用縫合針で日本の生産量70%以上	81.6	1,273
(株)アライヘルメット	熱硬化性樹脂性ヘルメットは国内シェア50%以上	98.8	280
山本光学(株)	スイミング等のスポーツ用ゴーグルで国内シェア60%	83.6	248
(株)白鳳堂	世界的評価の高い化粧筆を製造し、世界シェア60%	15.1	75

②資本経常利益率……一・八～一・三倍の優位性

③自己資本利益率（税引き前）……一・七～一・一倍の優位性

2　企業財務の採算性指標

①売上総利益率……一・四～一・二倍の優位性

②売上高営業利益率……二・三～一・五倍の優位性

③売上高経常利益率……二・四～一・六倍の優位性

④総資本回転率……〇・九～〇・八倍の優位性

3　企業財務の安全性指標

①流動比率……一・六～一・二倍の優位性

②自己資本比率……一・六～一・三倍の優位性

4　企業財務の生産性指標（次頁の図表３参照）

①一人あたり売上高……一・九～一・六倍の優位性

図表２　経営指標の計算式

1－①	総資本営業利益率(%)	営業利益÷総資本×100
1－②	総資本経常利益率(%)	経常利益÷総資本×100
1－③	自己資本利益率(税引き前)(%)	税引前当期純利益÷自己資本×100
2－①	売上総利益率(%)	売上総利益÷純売上高×100
2－②	売上高営業利益率(%)	営業利益÷純売上高×100
2－③	売上高経常利益率(%)	経常利益÷準売上高×100
2－④	総資本回転率(回)	純売上高÷総資本
3－①	流動比率(%)	流動資産÷流動負債×100
3－②	自己資本比率	自己資本÷総資本×100
4－①	1人あたり売上高(年額)	純売上高÷従業員数
4－②	1人あたり売上総利益(年額)	売上総利益÷従業員数
4－③	1人あたり営業利益(年額)	営業利益÷従業員数
4－④	1人あたり経常利益(年額)	経常利益÷従業員数

注１：総資本、自己資本を始めとした貸借対照表からの引数はいずれも期末の金額を採用した。これに対し、TKCのBASTはいずれも期中における平均値が採用されている。

注２：総資本は、注記において確認ができた範囲で割引手形を加算してある。流動比率においても同様に割引手形を両建て計算してある。

②一人あたり売上総利益……二・六〜二・〇倍の優位性
③一人あたり営業利益……三・九〜二・五倍の優位性
④一人あたり経常利益……四・二〜二・七倍の優位性

以上、2－④の「総資本回転率」以外のすべての指標で小さなNo．1企業の優位性が確認できました。特筆すべきは次の二点です。

●売上↓売上総利益（粗利）↓営業利益↓経常利益、と純利益に近づくほど優位性が増す。

●最も優位性が高いのが一人あたりの生産性指標。小さなNo．1企業は従業員一人あたり、三倍もの利益を生み出している。同業者の従

図表3　生産性分析指標　（BASTを1とした場合の優位性）

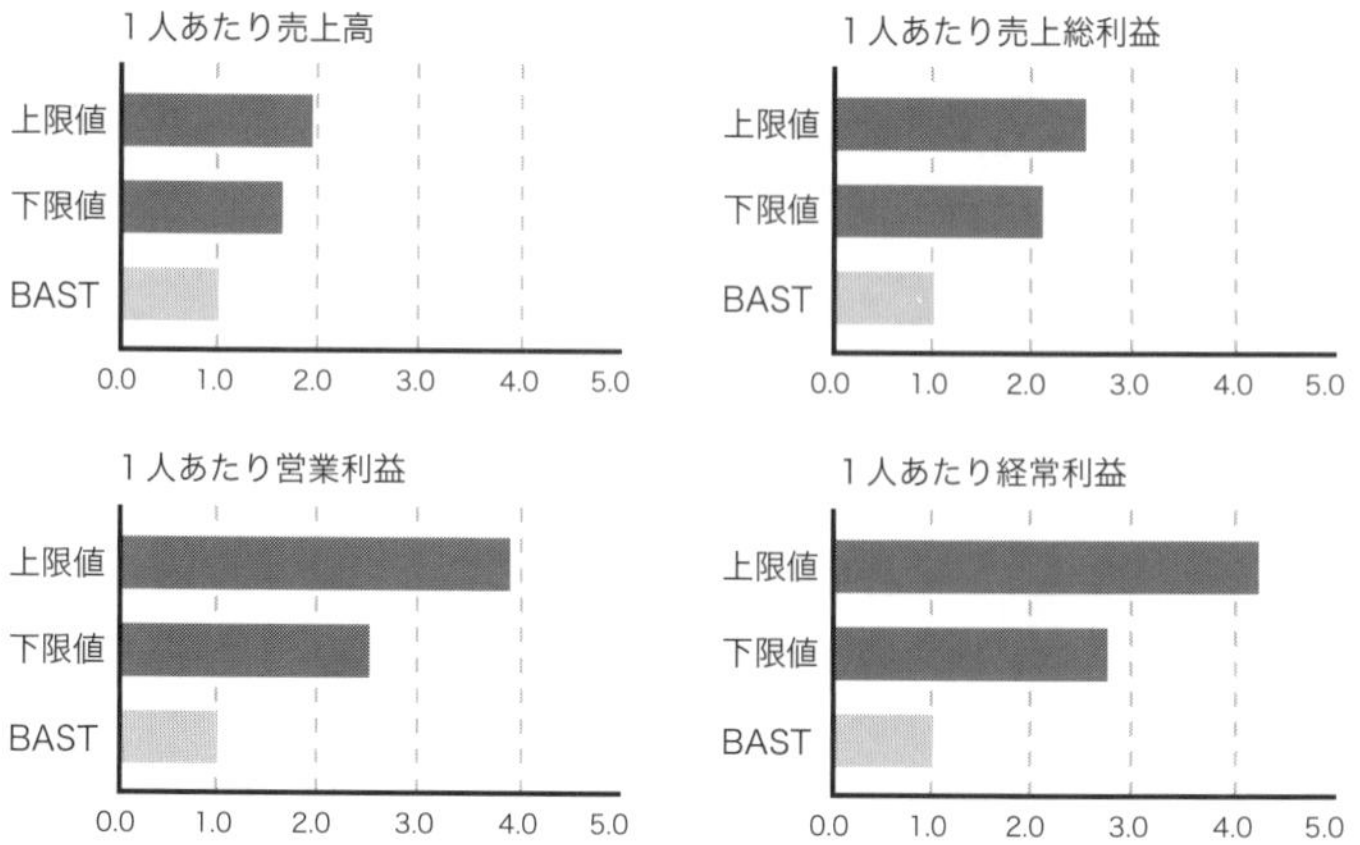

※信頼区間95%で統計分析を行なっています。

業員三人分の利益を一人で稼いでいることになる。

市場占有率と収益性は相関する

なぜ、小さなＮｏ．１企業は高収益なのでしょうか。それは市場占有率と収益性に相関関係があるからです。そもそも市場占有率は顧客支持率です。同業者間での力関係です。市場のなかで自社の存在感がどれだけあるのかを示します。

占有率が高ければ収益性が高まることは多くが認めるところですが、具体的にどのように相関するのでしょうか。

日本の上場企業で筆者らランチェスター戦略学会員が調査した結果、市場占有率が一〇％までは占有率と利益性は相関しません。しかし、**一〇％以降は占有率が上がれば上がるほど企業の営業利益率が高まります。二五％を超えると、その相関性はさらに高まります。**

わかりやすくいうと、占有率一〇％までは儲からない、一〇％を超えると儲かり始め、二五％を超えると、さらに儲かるということです。今回の調査サンプル企業は図表１で示した通り、低くても占有率四〇％以上ですから、当然儲かります。

市場占有率が圧倒的に高いと次のようなメリットがあります。

①スケールメリット
②価格主導権
③ブランド力
④情報力
⑤社員の意識向上

私たちは一度選択したものは変えたがりません。選択に迷ったら一番評価されているものを選びます。**人間心理的にも一番が選ばれ続ける**のです。衰退市場では撤退・脱落企業が出てきます。これら撤退企業の顧客はどこに流れるでしょうか。一番の会社に一番多く流れます。「一人勝ち」が進みます。

そして、高収益を上げる一番企業は、次なる一番づくりへの投資が可能になりますので、**持続的に繁栄する**のです。同じ一〇億円を売り上げても一五億円市場のなかの一〇億円と、一〇〇〇億円市場の中の一〇億円とでは、収益性がまったく異なるということです。小さな会社は一五億円市場で戦うべきなのです。

どうすればＮｏ．１企業になれるのか。まず自社の生存領域がどこなのかを定めます。大手の盲点となるような市場で自社の力が活かせる分野を狙い、集中します。そしてライバルよりもよくて違うもの、すなわち差別化されたもの、差別化された売り方で提供します。徹し、極めれば輝くのです。

では、**何に集中し、どのように差別化し、Ｎｏ．１を目指すのか。第二部では、その具体的なやり方を三八社の事例で解説します。**

＊ランチェスター戦略学会「シェアと利益の相関関係」研究班
福永雅文、森下雅文（浜松市、中村利明税理士事務所・所長代理）、玉居子高敏（弱者逆転研究所・所長）

第2部

「何に集中し、どのように差別化し、No.1を目指すのか」38社の事例分析

The Breakthrough by
Lanchester Strategy

どのようにNo．1を目指すのか

「集中×差別化＝No．1」。言葉はとてもシンプルです。ですが、これを行なうことは簡単ではありません。企業は売上不振となると、何とか、それを増やそうとします。客層を広げ、営業地域を広げ、販売チャネルを開拓することで、顧客を増やし、売上を増やそうとします。集中の原則とは真逆の取り組みです。

弱者が広めれば薄まります。客層を広げることは誰からも支持されないことになりかねません。営業地域を広げることは移動効率を著しく下げることになります。販売チャネルを開拓したところで弱者商品が拡販するものではありません。売れないものを一所懸命売ってくれるチャネルがあるでしょうか。

顧客を増やすことは大切です。しかし、人海戦術で顧客と接触し販売活動をするビジネスの場合はマンパワーに見合う増やし方をしなければなりません。いたずらに増やしても、個々の顧客との接触頻度においてライバルに打ち勝つだけの量を投入できないのなら、売上やシェアは増えません。

売上不振時の弱者の拡大路線は理論的に破綻しています。しかし、売上が減っている局面で、さらに売上が減ることになりかねない集中戦略をとることはリスクもあり、簡単にできるものではないのです。

また、差別化も簡単ではありません。**差別化とは他とは違った売り先を見出し、他よりもよくて違う売り物を、他よりもよくて違う売り方で提供することです。**しかし、よさを追求していくと似てくるものですし、違いを追求すると顧客の支持が得られるか否かは、はなはだ不安です。何とか差別化できたとしても、強者がミート（同質化）してくると、振り出しに戻ります。

これからケーススタディする三八社は、このシンプルだが、実際にやるのは簡単ではない「集中×差別化」に取り組み、小さな「Ｎｏ．１」となった企業です。各社とも、すぐに理論通りに成功したわけではありません。マーケットの荒波にもまれながらの悪戦苦闘の末に突破口を見出したのです。

第二部では、個別特殊な三八社の取り組みから帰納的に突破口を八つに分類します。各チャプターのタイトルに突破口をそれぞれ示しました。

①「不」を発見する、②雑魚は磯辺で、③戦略とは捨てること、④接近戦で勝つ、⑤キャラ立ち、⑥群れる～サバンナの掟～、⑦変わらずに生き残るためには、自ら変わらなければならない、⑧伝道師経営、です。

①「不」を発見する……潜在ニーズを有効需要にすれば、新たな市場を創出し、自社の独壇場となる。そのために、顧客や社会の不安、不充足、不便、負担などの〝不満〟を見出すことが有効だ。

②雑魚《ざこ》は磯辺で……雑魚（小さな会社の例え）には雑魚に適した生存領域があり、適した生き方があるのではないか。雑魚は鯨（大きな会社の例え）の生存領域や、生き方をしてはならない。鯨が生存しない領域を選び、鯨がやれない・やりたくない仕事をする。

③戦略とは捨てること……戦略の原則の集中とは、集中しないことを捨てることから始まる。理屈はわかるが、なかなかできないことをやる方法とは。

④接近戦で勝つ……顧客に密着する、直接販売する、川下作戦を展開する。これら接近戦を極めると、どのような境地に達するのか。顧客と企業の究極の関係づくりとは。

⑤キャラ立ち……キャラ立ちとは個性を際立たせ、一つの独立したキャラクターとして他者に認識させること。元々はマンガの作法用語。独自のポジションやブランドを示す。ただし、単に目立てばよいということではない。信念の裏打ちが求められる。

⑥群れる～サバンナの掟《おきて》～……シマウマはなぜ、ライオンに食べ尽くされないのか。それは群れているからだ。弱い生き物が生き残る方法は群れること。これを「サバンナの掟」という。同盟戦略のこと。

⑦変わらずに生き残るためには、自ら変わらなければならない……ヴィスコンティの映画「山猫」の名セリフから。企業もまた同じく、変わらなければ生き残れない。

⑧伝道師経営……自社はいかなる価値を提供する会社なのか。誰の、どのような幸せや繁栄に貢献するのか。このことを顧客はもちろん、従業員、取引先、そして社会に普及・啓蒙、すなわち伝道していかなければならない。

以上の八つの突破口をさらに整理すると、小さなＮｏ．１になるための**四つの条件**（**①ミッション、②ドメイン、③ビジネスモデル、④ストラテジー**）に体系化できました。名づけて「ミッショナリー・ダイヤモンド」。

四つの条件がダイヤモンドの四つ角のようにキラキラと輝いたとき、その企業は「集中×差別化＝Ｎｏ．１」が実現する。

これが本書の結論です。

CHAPTER 1

「不」を発見する

潜在ニーズを有効需要にすれば、新たな市場を創出し、自社の独壇場となる。そのために、顧客や社会の不安、不充足、不便、負担などの〝不満〟を見出すことが有効だ。

生活の「不取り」で、クリーニングの新たな需要を創出

株式会社喜久屋　社長　中畠信一氏

喜久屋の創業は一九五六年。中畠さんの父が個人店として東京東部にクリーニング店を開業しました。やがて時代は高度経済成長期を迎え、喜久屋は取次店をチェーン展開し業容を拡大していきます。

現在、街のクリーニング店のほとんどは取次店です。自らは取り次ぐだけでクリーニングは本部が行ないます。取次店は取次手数料を得る自主独立の存在で、多くは個人や個人商店が副業として行なっています。実はこのビジネスモデルは、喜久屋が業界に先駆けて導入したものです。クリーニング市場が右肩上がりの時代は、この取次店を増やすことがクリーニング業の重要な成功要因でした。喜久屋も最盛期には約三〇〇店もの取次店を持つ業界準大手の規模となりました。

現社長の中畠さんは八五年に入社。現場で経験を積んだ後、九二年、

【国内クリーニング市場の動向】

一九九二年の八二〇〇億円をピークに減り続け、二〇〇九年には四三〇〇億円と、二〇年足らずで半減。節約志向、カジュアル志向といったライフスタイルの変化と、洗濯機や衣類の性能向上により客数が減少。これにより過当競争となり値崩れし客単価も減少。Yシャツ一枚一〇〇円を切る店も珍しくない。

二九歳の若さで専務となり実質的に経営を継承します。クリーニング市場がピークを迎え、自社の規模も最大化した年です。しかし、バブルが弾けて不況となり需要は激減。しかも、バブル期を境に街の商店街は様相を変えます。個人商店は減り、戸建住宅が集合住宅に建て替わる。取次店が成り立つ立地も減っていくのです。

クリーニング需要の「繁閑差」に挑戦

これまでのクリーニング業界のビジネスモデルや家業的な自社の運営に限界を感じた中畠さんは改革に着手します。真っ先に取り組んだのが**経営理念の制定**です。会社の永続的な繁栄には三方よし（売り手よし、買い手よし、世間よし）の経営をすべきと考えました。このことを『喜久屋でよかった！』との経営理念で明文化しました。

次に、有限会社喜久屋クリーニングセンターを株式会社喜久屋に改組・社名変更します。**株式会社化はこれまでは家業的だった会社を事業へと転換することを示します。**クリーニングセンターという業種を特定する言葉

中畠信一社長

をはずして、業種にとらわれず事業を展開するビジョンも示しました。

そのうえで社内の構造改革を行ない、経営の近代化を進めます。**近代化の最大の課題はクリーニング需要の繁閑差（繁忙期と閑散期の差）**でした。一週間では土日に一週間の半分の仕事が集中します。一年では冬物をクリーニングに出す四月や夏物を出す一〇月に集中し、二月・八月はピーク月の半分程度に減ります。四月の第一土曜日と二月の平日では実に一四倍もの売上差がありました。

このことは工場の稼働率に直結しますので経営を圧迫します。繁忙期にはどうしても作業品質が不安定になります。繁忙期は深夜まで残業。閑散期には午後早めに仕事が終わる。パート従業員の収入や生活も不安定です。こうした現状に対し、**すべての同業者が「業界特性だからしかたがない」と諦めていました。**

さらに、クリーニング需要減に伴う各社の過当競争。価格競争とともに即日仕上げ・翌日仕上げのスピード仕上げが普及していきます。喜久屋も対抗上、導入しますが、これにより繁閑差はさらに広がります。

「本当に、お客様はそんなにお急ぎなのか。このことに疑問を持ち、実

【喜久屋の経営理念】
《『喜久屋でよかった！』
お客様より「喜久屋でよかった！」
働くみんなが「喜久屋でよかった！」
取引先から「喜久屋でよかった！」
地域社会から「喜久屋でよかった！」
そのように思って頂ける企業を目指し、社会や国家に貢献していきます。》

際にアンケートでお聞きしました。そうしたら、明日、明後日、四明後日、一週間後、いつでもＯＫが、それぞれ二割程度でした。つまり、急いでいる人もいるが、むしろ指定日に仕上げてほしいということではないか。引き取りに来るのにも都合があるということでしょう。だったら、受付時に仕上がり日をお客様に指定していただくサービスをすることが**差別化になるし、工場稼働の平準化にもなる**。そう考えました」

こうして一週間の稼働が平準化されました。続いて、一年間の平準化に取り組みます。まずは季節物衣類の仕上がり日をおまかせいただけるなら、通常よりも高品質のクリーニングで仕上げることを打ち出しました。こちらの都合で作業できるからです。四月に着なくなった冬物をクリーニングに出す際、仕上がりを急ぐ人は少ないものです。多くの顧客がサービスを利用しました。これにより**年間の工場稼働も平準化**していきます。

【中畠信一社長の道経一体思想】
中畠さんは財団法人モラロジー研究所で道経一体思想（道徳と経済は一体であること）を学んだという。工場稼働の平準化はパート従業員の収入と生活の安定をめざした取り組みでもある。また、同社では女性が働きやすいように事業所内に託児スペースを確保している。

〝暮らしのコンシェルジュ〟として人々の役に立つ

ところが、困ったことが起こりました。顧客がなかなか引き取りに来ないのです。すぐには着ないものだからでしょう。喜久屋になかなか引き取ってもらえない衣類が増えていきます。

「工場だけでは保管しきれずに、本社にまで衣類が持ち込まれるようになりました。私も運んでいたのですが、運んでいるうちに、ふと気がついたのです。いっそのこと冬が来るまでお預かりしてはどうか、と。よし、思い切って取次店を経由せず、インターネットで受け付けて宅配便でやりとりしよう」

そして、〇三年に「イークローゼット事業」がスタート。初めてのシーズンの利用者はわずか三〇人でしたが、**マスコミで話題になった**こともあり、翌年から普及していきます。現在では一万六〇〇〇人が登録し、そのうち八〇%の人がリピート利用。**付加価値が高く、独自のサービスなので価格競争にも巻き込まれません。**減少傾向にある取次店に依存しないので、販路を全国に拡大することができました。

「これだけ支持していただけるのは、お客様のクローゼット（衣類などを収納する戸棚）やタンスの役割を果たしているからです。都市部はマンション居住者が増え、収納スペースには限りがあります。そう考えると

クリーニング業から暮らしのコンシェルジュへ

イークローゼットは『住環境改善サービス』といえます。クリーニングの周辺には他にも**お客様の生活上の不便や不都合や不満など〝不〟の部分があるはず**で、その『不取り』をしていこうと、次に始めたのが『生活時間創造サービス』でした」

夜二三時までクリーニングの引き取り、引き渡しをスタッフが出向いて行なう「ムーンライトデリバリー23」事業が、〇四年に立ち上がりました。さらにマンションのコンシェルジュ（住民対象に様々なサービスを提供する便利屋さん、あるいは秘書的な機関）と提携したクリーニングサービス、「フロントコンシェルジュサービス（F.C.S）」を立ち上げます。

いま、生活者は、どのような「不」を持っているのか。どのような暮らし方を望んでいるのか。時流を読むのです。当社がどのような「不取り」ができるのかと。喜久屋は生活の空間の広がり、生活の時間の広がりをもたらすというイノベーションをしました。世の人々の暮らしに役立つものだからこそ強く支持されました。

中畠さんは「今後は、人々のよりよいライフスタイルを実現する**『暮らしのコンシェルジュ』**を目指します」と語ります。

COMPANY DATA

株式会社喜久屋

- ■創業：1956年
- ■代表：中畠信一
- ■所在地：東京都足立区
- ■事業：衣類のクリーニング＆リフォームおよび保管業
- ■年商：11億5000万円（2011年度）
- ■従業員数：150名
- ■http://www.kikuya-cl.co.jp/

フィットネスクラブの「不」を取り、女性の支持を得る

株式会社カーブスジャパン　会長兼CEO　増本 岳 氏

成熟したフィットネスクラブ市場に後発で参入して急成長しているカーブス。一九九二年にアメリカで設立され、〇五年に日本上陸。わずかな期間で国内一〇〇〇店舗を超えました。店舗数世界最大、日本でも一位です。ただし、店舗面積は平均四〇坪と小さいので会員数は二番手、売上高は準大手クラスです。

カーブスは**女性専用です。主に中高年を対象**としています。五〇代・六〇代が会員の六割を占めます。一回の運動時間は三〇分です。施設には一二種の筋肉トレーニング・マシーンが円状に並んでいます。そして一つのマシーンを使う時間は三〇秒。三〇秒たつと次のマシーンとの間で足踏みをします。これも三〇秒です。一周で一二分。二周して二四分。運動前後にストレッチをして都合三〇分の運動完了。空いているマシーンのどこ

中高年女性に手軽で楽しいフィットネスを提案

から始めてもよいので、行けばすぐに始められます。

それにしても、成熟市場において、なぜ、カーブスだけが伸びるのか。会長兼ＣＥＯの増本さんは元々フランチャイズ（以下、ＦＣという）事業の専門家です。外食や小売りなどの優れたビジネスモデルを発掘し、ＦＣパッケージ化し、事業化してきました。カーブスに着目し、日本での事業化を検討すべく米国を訪れます。

深い「ありがとう」が聞ける仕事

「ユニークなビジネスモデルだと思いましたが、日本でも通用するのかを確かめたくて現場をまわりました。会員さんは『カーブスのおかげで健康になれた』『病気の不安がなくなって、気持が明るくなれた』『カーブスを通じて友だちも増えた』と、カーブス自慢のような話ばかりなのです。スタッフに聞くと『カーブスのおかげで命が救われた。あなたは恩人よと、会員さんにいわれます。こんなに深い〝ありがとう〟を聞ける仕事が他にあるでしょうか』となかには目を潤ませる人もいるのです」

【国内フィットネスクラブ市場動向】
市場規模はおよそ四〇〇〇億円。横ばいか微減傾向。業界大手の業績も横ばい傾向。

増本 岳会長

ビジネスである以上、収益性は大切ですが、カーブスは**損得以前に世のため人のためになる事業**だと、増本さんは深く気づきます。運動不足の中高年女性に気軽に運動する場を提供することで、人生を変え、幸せをもたらすことができるのだと。その思いをカーブスの創業者ゲイリー・ヘブン氏に伝えました。

「ヘブン氏は『世界中のビジネスマンがここを訪ねてきた。みんなビジネスモデルは研究するのだ。しかし、カーブスのカルチャーや哲学を理解し、それを最初に言葉にしたのは、タケシ、君が初めてだ。よし、タケシに日本を任せよう』と、日本での事業化権を求める数社のなかから、私を選んでくれたのです」

ヘブン氏は一三歳のとき母親を亡くしました。まだ四〇歳でした。肥満から高血圧となり、うつ病になった母に、医者は薬を与えるだけでした。もし、適切な運動をしていれば元気でいられたのではという思いでフィットネスクラブを創業します。ところが、二度も事業に失敗します。なぜか。

それは肥満気味の中高年女性を運動で救いたいという志で始めたにもか

【除減増加法】
カーブスのビジネスモデルはブルーオーシャン戦略の「除減増加法」で整理するとわかりやすい。除減増加法とは、左図の思考方法。差別化戦略とコストダウンは両立する。

《ブルーオーシャン戦略の思考方法》

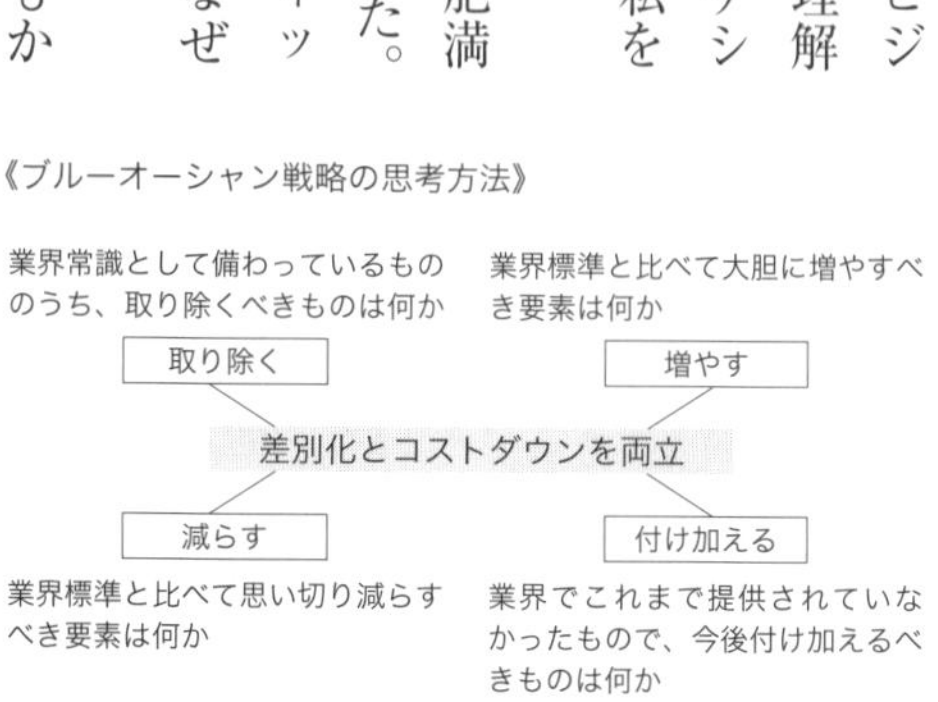

業界常識として備わっているもののうち、取り除くべきものは何か
業界標準と比べて大胆に増やすべき要素は何か
取り除く
増やす
差別化とコストダウンを両立
減らす
付け加える
業界標準と比べて思い切り減らすべき要素は何か
業界でこれまで提供されていなかったもので、今後付け加えるべきものは何か

かかわらず、フィットネスクラブに来るのは若くて運動が好きな人々ばかりだったことです。**中高年女性は運動の必要性を感じつつも、フィットネスクラブに様々な不満を持っていた**のです。

体力がなく運動が苦手なのでクラブの運動は無理（不安）、入会しても続かない（不安）、運動は苦しい（苦痛）、男性と一緒に運動する（不快）、鏡に映った肥満体の自分の姿を見る（不快）、遠い（不便）、化粧が面倒臭い（不便）、値段が高い（負担）、一回あたり三時間もの時間（負担）、待ち時間（負担）など。これらの不満が、中高年女性をフィットネスクラブは自分が通う場ではないという思いにさせていたのです。しかし彼女らは通販などで家庭用健康器具を購入しても、長続きしませんでした。

「不」を取り、顧客を幸せにする新たな価値を増加

そういった不の要素を取り除き、新たな価値を付け加えて生まれたのがカーブスのビジネスモデルです。カーブスはNo Men、No Make-up、No Mirrorの3Mのコンセプトを打ち立てます。プールもシャワーも、いか

《カーブスにあてはめると》

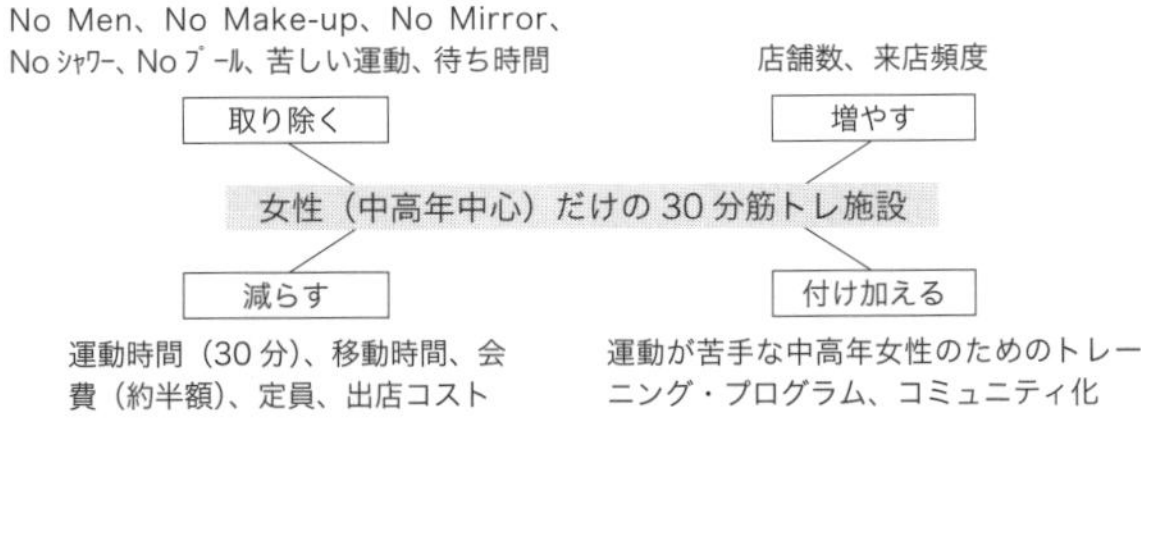

ついマシーンもありません。苦しい運動も、退屈な待ち時間もありません。「不」の要素はとことん、除外しました。運動時間や、会費も減らします。

逆に、業界でこれまで提供されていない価値を付け加えました。カーブスは運動が苦手な中高年女性のためのトレーニング・プログラムを開発します。**顔なじみの少人数が円になってトレーニング**します。やがて、コミュニティ化していきます。アップテンポの音楽とインストラクターの掛け声、手拍子でウキウキ気分の運動ができます。何よりも仲間とのおしゃべりが単調になりがちな運動を楽しみに変えます。

開店時はまず、近隣商店のおかみさんたちに体験してもらいます。運動を始めると一〜二週間で体調の変化を感じます。顔が広いおかみさんが口コミでカーブスを広めてくれます。実に**六割の新規客が口コミで集客**されます。カーブスは**井戸端会議のようなコミュニティ**になっていきます。会員は励まし合うので長続きするのです。

「中高年になるとひざ痛・腰痛となる人が増えますが、その多くは筋力の衰えによるものです。筋力が衰えるので関節に負担がかかり、痛くなるのです。痛いと動かさなくなりますが、動かさないとますます衰えてしま

『カーブスの募集チラシ』
カラー刷りのしゃれたものではなく、あえて公民館の体操教室の案内のような一色刷りの素朴なものの。中高年向けの施設であることを印象づける。

います。筋トレというとスポーツ選手やボディビルがイメージされますが、中高年こそ筋トレと筋肉をつくるタンパク質の摂取が必要です。

カーブスの筋トレ・マシーンは油圧式です。これはリハビリ施設でも使われているもので、その人の筋力・体力に応じた負荷がかかるものなので、トレーニングは苦しくもなく安全で筋肉痛にもなりません」

カーブスの急成長を既存フィットネスクラブがだまって見ていたわけはありません。似たようなビジネスモデルの参入が相次ぎます。既存クラブも、カーブス式をメニューに取り入れてきました。しかし、ほとんどが撤退していきました。

「ハードはマネできても、インストラクターの指導方法、会員さんとのコミュニケーションの取り方など、ソフトはそう簡単にマネができません。加盟店さんは中高年の女性を健康にすることで、地域の人に喜んでもらう理念に共鳴して、加盟されています。大震災の被災地でも『カーブスで鍛えていたから津波から走って逃げられた。ありがとう』という会員さんの声を聞きました。インストラクターは**運動することの大切さ、楽しさを伝える使命感を持って仕事に取り組んでいる**のです」

COMPANY DATA

株式会社カーブスジャパン

- 設立：2005年
- 代表：増本岳
- 本部所在地：東京（日本橋）
- 事業：女性だけの30分フィットネス「カーブス」のフランチャイズ業
- 親会社：株式会社コシダカホールディングス（JASDAQ上場）
- 店舗数：1247店（2012年12月現在）
- 会員数：53万人（同上）
- http://www.curves.co.jp/

悩む母親の駆け込み寺が、お受験専門ショップに

有限会社マムエモア　社長　郷司泰子 氏

郷司さんは一九九五年、インポートの子供服や手づくりのグッズのお店を地元に開業しました。自分の好きなものを集めた主婦の趣味の店です。

「裁縫が好きですから、布製のバッグなどをオーダーでつくりますよと、お客様にお話ししたらレッスンバッグ（幼児教室用の子供向けバッグ）を頼まれました。それから上履きを入れる靴袋やお母様用のサブバッグなど、幼児教室や〝お受験〟用のグッズを依頼されるようになりました」

お受験とは小学校、幼稚園の受験のことです。受験に〝お〟をつける上流階級の丁寧さは、かつては揶揄もされましたが、それにより小学校・幼稚園の受験が広く知れ渡り、一般家庭でも私立小学校を受験することが珍しくなくなりました。いつの間にか、お受験は一般用語となったのです。

お受験ママには、お受験の親子面接にはどんなものが必要か、ふさわしいのかの情報がありませんでした。お受験を経験していた郷司さんは親身

〝先輩ママ〟として懇切丁寧に接客する（手前は郷司社長）

【小学校受験市場】
全国には受験が必要な国立・私立の小学校が二七九校あり、学年あたり約二万人の児童がいる。受験にかける費用は幼児教室によると一人あたり一〇〇万円から二〇〇万円。一人三校受験し、志願倍率が三倍とすると、市場規模は二〇〇億円から四〇〇億円と推計できる。

になって**お客様にアドバイスしているうちに、お店はお受験で悩む母親たちの駆け込み寺のようになっていきました。**

「開業翌年には受験用子供服の仕立てを始めました。学校のカラーや試験内容に合わせながら、お子様の個性を光らせることは大切です。着る服により子供は変わります。子供はすぐ大きくなるからと、大きめの洋服を選びがちですが、サイズがピッタリの方がよいに決まっています。万一、受験日までにサイズが合わなくなったら無償でつくり直します。私どもはお客様が志望校にご縁をいただくまでが責任と考えるからです」

九七年には面接ルック展示会を開催。子供の洋服・体操服・靴・靴下・ハンカチ、母親用の洋服・サブバック・スリッパなど、お受験に必要なありとあらゆるものを一堂に取り揃えた展示販売会です。子供用一式、オーダーで三〜四万円です。その後、お受験のメッカの目白に本店を構え、幼児教室も運営。いまでは「お受験のお洋服・学習・運動　すべてお任せください」がキャッチフレーズとなりました。

お受験に合格という強いニーズがありながら、**情報の不明、不安という「不」の要素がありました。**これを解消したことが事業となったのです。

郷司泰子社長

COMPANY DATA

有限会社マムエモア

- ■設立：1995 年
- ■代表：郷司泰子
- ■所在地：目白（本社）ほか首都圏
- ■事業：お受験ショップ、幼児教室、手芸店
- ■従業員数：60 名（パート含む）
- ■http://www.mametmoi.com

昼間でも照明をつけないといけないお客様の部屋を明るくしたい

株式会社井之商　社長　井上 昇 氏

一九七五年、滋賀県の当時の新興住宅街で〝住まいの一一〇番〟というリフォーム業として創業した井之商。七八年に電器店となり業容を拡大、九〇年代初頭には三店舗を構え、年商二億円にまでなりますが、大手家電量販店の価格攻勢にさらされます。

「お客様との強固な関係を築き上げてきましたので一割、二割の価格差なら負けるものではありません。しかし、当社の半額近い価格を打ち出されると、さすがにこちらはジリ貧です。家電小売業に限界を感じ、新たな事業を模索しました。何をなすべきか。創業の原点に立ち返って考えてみますと、天気がよい日でも部屋に太陽光が入らず、昼間でも照明をつけないといけない困りごとを抱えるお客様が多いことに思いがいたりました。そうだ、**私は隣のオバちゃんの家を明るくしたい、隣のオッちゃんの仕事場を明るくしたい**。そんな思いで、太陽光照明システムの開発に取り組み

《井之商の太陽光照明システムのしくみ》

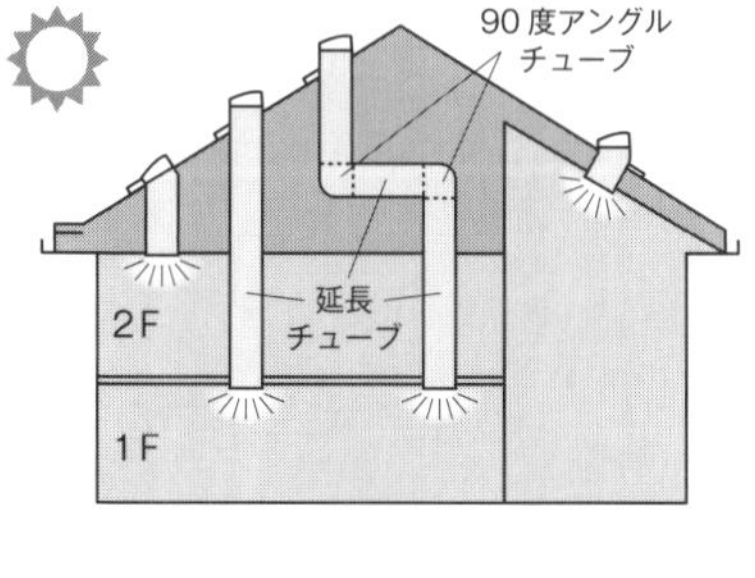

一〇年かけて完成したスカイライトチューブ

ました」

足掛け一〇年、井之商は豪州のメーカーと提携して太陽光照明システムを開発します。太陽光を屋根面に設置した採光ドームで採りこみます。雨天でも冬でも室内を照らせるだけの光を採り込めます。部屋の温度を上げることなく、太陽光の有害物質を取り除いているので日焼けすることもありません。この光を特殊表面加工されたアルミ製の筒によって部屋まで運び、照明器具より自然な光を演出します。

費用は八畳間を照らす設備を一台設置して材料・工事費込みで二〇万円からです。一台設置すると年間七〇〇〇円から一万円の電気代が削減されます。メンテナンス不要で長い目で見れば元は取れる計算です。

とはいえ、おそらく元を取りたくて設置する家庭は稀ではないでしょうか。太陽光照明システムの**普及が進むのは節電意識のみならず、太陽の光の素晴らしさを再発見した感動、歓びではないでしょうか。**震災以前は井之商への問い合わせは月二〇件程度でしたが、震災後は企業を中心に月六〇件に増えました。設置実績は一二年一二月現在で戸建て住宅用三〇〇〇台、工場用一〇〇〇台となりました。

井上昇社長

COMPANY DATA

株式会社井之商

- 創業：1975 年
- 代表：井上昇
- 所在地：滋賀県大津市・草津市
- 事業：太陽光照明システムの開発・販売・施工
- 年商：2 億 5000 万円
- 従業員数：15 名
- http://www.skylighttube.co.jp/

CHAPTER 2

雑《ざ》魚《こ》は磯辺で

雑魚（小さな会社の例え）には雑魚に適した生存領域があり、適した生き方があるのではないか。雑魚は鯨（大きな会社の例え）の生存領域や、生き方をしてはならない。鯨が生存しない領域を選び、鯨がやれない・やりたくない仕事をする。

弱者の戦略に徹する電器店チェーン

株式会社アトムチェーン本部　社長 井坂泰博 氏

〖街の電器店の市場動向〗
家電小売の主たる販売チャネルとして、かつて全国に七万軒あった電器店が三万軒に。主たる販路は家電量販店となった。家電販売に占める街の電器店の割合は1割以下。高齢者の買物難民化が社会問題となる昨今、地域社会のライフラインの一翼を担う街の電器店の復権を目指す取り組みが求められる。

絶滅危惧業種といわれる街の電器店。いったい、どうすれば生き残れるのか。その一つの答えを編み出したのがアトム電器チェーン（以下、アトムという）です。呼んだらすぐに来てくれる面倒見のよい電器店の長所と、全メーカーを取り扱い、品揃えが豊富で安いという家電量販店のよさを兼ね備えたFCチェーンです。悩める電器店の駆け込み寺として九三年に本格スタートし、二〇一二年、加盟店が九〇〇店に迫り、グループ年商も二〇〇億円を突破しました。

加盟店を守るべく生まれたビジネスモデル

FCとは一般に同じ店名、店づくり、商品のもと運営されるものですが、アトムには縛りはありません。アトムの看板を出すのも出さないのも自由。加盟店を定期訪問する経営指導もしませんし、本部の会議に出なくてもかまいません。**店舗運営や経営は加盟店まかせ**なのです。本部が加盟店に提供するのは三点だけ。①仕入、②販促、③情報、です。

本部は全メーカーのアイテムのうち、毎月、一二〇〇アイテムを選定し、大手家電量販店八チェーンの店頭表示価格を調べます（③）。本部はメーカーや販社と交渉し、これら量販店の店頭表示価格と同額で販売しても加盟店が平均で三割の粗利が出る金額で仕入れます。そして、そのままの価格で加盟店に卸します。つまり共同仕入です（①）。本部はその時々の売れ筋を分析し、新規顧客開拓用のチラシや既存顧客用のカタログなど販促ツールを作成、加盟店は必要に応じて購入します（②）。この三点を加盟料月五万円で提供しているのです。

「私は一般にFCのノウハウは四つあると思っています。**①仕入、②販促、③情報、④経営ノウハウ。そのうち、④は捨てました。**FC本部の仕事を大手量販店に負けないようにすることだけに絞ったのです。なぜか。例え話をしましょう。夜道を、赤子を抱えたお母さんが歩いているとき、

井坂泰博社長

狼に出くわしました。お母さんは赤子を守ろうと自らを犠牲にして赤子に覆い被さります。でもそれでは赤子は守れません。狼はお母さんを食べて、その後、赤子を食べてしまう。赤子は道端において、お母さんは棒きれをもって狼と戦い追い払うべきなのです。

赤子とは加盟店さん。お母さんは本部です。経営指導は赤子に覆い被るようなものです。そんなことよりも量販店の情報を集め、仕入をし、販促に命をかけなければ勝てっこありません。エアコンの販促ツールだけで二三種ものツールを用意しています」

井坂さんは一九七一年、脱サラして三洋電機系列の電器店を創業します。二五歳になる直前のことです。夫婦で年中無休で毎晩夜中の二時まで猛烈に働きました。カラーテレビの普及が進んでいた追い風もあり、店は大繁盛。毎年、支店を一店出店できるくらい儲かりました。やがて、支店を分社化し支店長を経営者にしました。いまでいうＦＣです。最盛期二四店までのＦＣチェーンとなりました。ところが八四年、全加盟店から一斉に実質上の脱退届が提出されるのです。

「加盟店を増やしたいあまり、なかにはサラ金の借金があるような人に

【国内家電市場とエアコン市場の動向】
国内家電小売市場は一〇年にエコポイント効果やテレビの買換需要の先食いにより八・五兆円まで拡大したが、以降は七～八兆円で推移。一方、アトムの主力であるエアコンは世帯普及率九〇％、一世帯あたり二・五台保有と完全な飽和市場。買い替え需要が対象となるが、販売価格の下落により市場規模は五〇〇〇億円程度と縮小傾向。

まで、お金を貸し付けて加盟店にしていました。加盟店を脱退するのなら貸付金を取り立てないと、こちらが倒れます。電器屋か取り立て屋か、わからなくなるほど取り立てました。加盟店の保証人の親御さんから『井坂さんは鬼や！』とののしられ、社員は『鬼の下では働けない』と、ほとんどが辞めました。たしかに私は自分の儲けのための手段として社員を雇い加盟店を増やしました。しかし法律に触れることはしていない。儲からないのは本人の責任ではないか。いったい、なぜこんなことになるのかと、途方に暮れました」

大きな挫折をした井坂さんは細々と電器店を経営しながら勉強して、なぜ、うまくいかなかったのか追究していきます。五年かかりましたが、**商売とは己の欲ではなく、世のため、人のために行なうものである**ことに気づきます。法律ではなく、かかわる人がすべてよくなるようにすることを基準にすべきだと。八九年、株式会社アトムチェーン本部に社名変更します。理念を固め、社員教育から始めます。もはや力まかせの経営ではありません。

同社のポスター。様々なツールで加盟店を力づける

小さいから負けるのではない

社名変更から五年後、前のFC崩壊から実に一〇年後の九三年、アトムチェーンは加盟店一一店から本格スタートします。井坂さんは理念の次に基本戦略（井坂さんは仕組《しく》みと呼ぶ）を定めます。

「私はアトムの仕組みを『雑魚《ざこ》（小魚）は磯辺に、鯨《くじら》は太平洋に』といっています。雑魚が太平洋に出れば鯨に食われます。鯨は磯辺に来れば腹がつかえます。**雑魚は雑魚の生存領域に生息すれば、鯨に食われることはない**のです。雑魚とは『小』の家電店。鯨とは『大』の量販店。『大』は大きな店を構え、チラシを大量に広域にまき、流れ作業で売る製品を大量販売する。逆に『小』は個別対応で手間がかかる工事を伴うものを、訪問販売で売り、店にお金をかけない。そして、主力商品をエアコンに決定しました」

電器店が店にお金をかけて少々広くしたところで、量販店にかなうわけもない。店はなくてもよいくらいということです。来店型の客待ち商法は『大』の戦略であり、『小』は訪販こそ、生きる道です。単に安ければよい

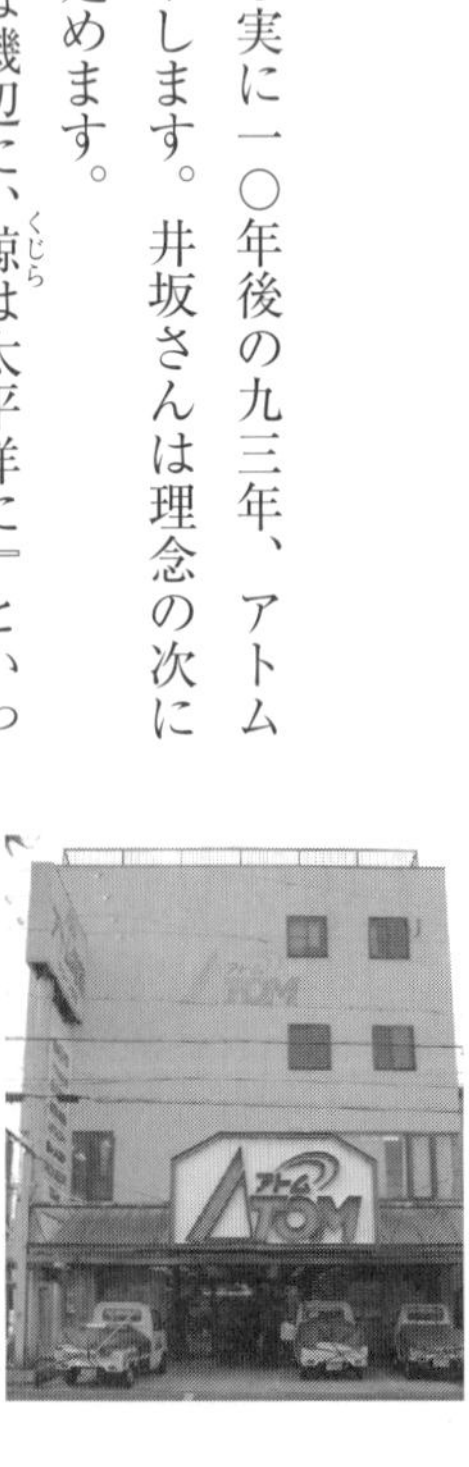

本社の外観。これが八八〇もの加盟店を率いるFCの本部・本店かと正直、驚くほど地味な構え。しかし、それにはわけがある。「雑魚は磯辺に」の戦略（仕組み）について自ら範を示しているのだ。

というわけではありません。

加盟店が大阪を中心に五〇店に迫らんとした九九年、井坂さんは勝負に出ます。**『エアコン安値近畿Ｎｏ．１宣言、他店に負けたら差額の二倍返し』**を打ち出します。

猛烈なインパクトとなり、加盟店は繁盛し加盟希望も増えます。たびたびテレビで報道され知名度も急上昇。〇三年には加盟店が一〇〇店を超え、取扱いメーカーも増え、今日のアトムの三点セット（①仕入、②販促、③情報）が確立します。〇四年に全国展開を開始。八八〇店にまで増えている。

「五〇〇〇店くらいまでは増やせるでしょう。というのも、アトムはＦＣの縛りはなきに等しいのですが、テリトリーだけは決めています。一ｋｍ圏内、二〇〇〇世帯が目安です。アトムは、**わずか二〇〇〇世帯でも一二％以上の世帯をお客さんにすれば電器店が成り立つモデル**です。まだまだ増える余地はあるのです」

笑顔と技術と面倒見のよさで地域のインフラの一翼を担った街の電器店の復権に光明が見えてきました。

COMPANY DATA

株式会社アトムチェーン本部

- ■創業：1971年
- ■代表：井坂泰博
- ■本社所在地：大阪府羽曳野市
- ■事業：アトム電器チェーンのフランチャイズ業
- ■年商：200億円（2012年度、加盟店合計）
- ■店舗数：直営店1店、加盟店880店（2013年3月1日現在）
- ■従業員数：50名（本部）
- ■http://www.atom-denki.co.jp

開発、試作の仕事で高付加価値
コイルメーカーとして再生

株式会社セルコ　社長 小林延行 氏

コイルとは銅線を筒状に巻くことで電流をエネルギーに変える電子部品です。モーターやセンサーになくてはならないもので、自動車、家電、電子機器と、あらゆる製品に組み込まれています。かつては、一つひとつ手巻きするという手間がかかるわりには安価なため、内職に毛が生えた程度の無数の零細業者が担い手であったコイル製造。

セルコは一九七〇年、小林さんの兄が長野県東部の小諸市で創業しました。廃バスを工場にして皆でコイルを手巻きする。夏は暑くて仕事にならなかったといいます。セルコもまた、無数の零細業者の一つだったのです。

創業数年で親戚の縁で県下の大手プリンターメーカーS社の仕事を受注。以降、セルコは同社の下請けとして発展していきます。大量生産する

【小諸市】
島崎藤村の詩「小諸なる古城のほとり」で有名な長野県東部の小さな城下町。浅間山と千曲川が美しい。長野県は精密機械産業がさかんで、小諸にも関連工場が多い。

ために、当時出始めた自動コイル巻機をいち早く導入し、S社の指導のもと生産管理、品質管理を導入しました。結果、月間数百万個のコイルを製造、その組み立てまで手がけるようになります。最大で従業員一二〇名、三工場が稼動しました。

親会社の生産拠点の海外転換で窮地に陥る

その頃、小林さんが入社。やがて実務をまかされるようになります。ところが、九〇年代初頭、S社は主力製品を転換、生産拠点も海外を主とするようになります。S社からの仕事は急速に失われます。経営危機に陥り、人員削減を行なって従業員数一三名に縮小します。小林さんが社長に就任し、再建を託されますが、月商一〇〇〇万円にまで落ち込みます。

「こんな時期に社長になって貧乏くじだ。バブルがはじけ、**生産拠点が海外移転し国内空洞化という時代**。仕事がないのは当たり前。ウチだけではなく世の中全体がそうなのだから、アタフタすることはない。そのうち、またどこかから仕事がやってくるだろう」とやけっぱち状態です。

小林延行社長

国内空洞化にチャンスを見出す

そんなとき、小林さんは友人に誘われて経営者向けの研修会に参加し、こんな時代でもがんばっている中小零細製造業もあることを知ります。

「自分は**被害者意識と下請け根性だけで、経営者としてなすべきことを何もしていなかったじゃないか。**辞めてもらった社員の顔が浮かんできて、私は人目もはばからず、ボロボロと泣いてしまいました」

下請けという形態は浮き輪をつけて泳いでいるようなものです。本当の意味での経営をしてこなかったことに気づいたのです。この涙がコイルのようにエネルギーを増幅させたのか、小林さんは、これから何をすべきか、ひらめきました。

「そうだ！　わが社にはコイル製造の技術があるじゃないか。コイルの量産品は人件費の安いアジアに流れていった。その結果、多くのコイル製造業者は海外移転したか、廃業している。しかし、国内には特殊なコイルの需要がないわけではない。そんな開発、試作の仕事ができる国内コイル

小林さんがボーカルを務めるオヤジロックバンド「セルパップブラザーズ」

製造業者はもはや限られている。わが社のような**小規模会社であれば開発、試作仕事でも、少量多品種の仕事でも充分やっていける**」

コイルのような単価の安い下請け仕事は量で稼ぐ仕事でした。仕様も複雑ではなく開発に重きが置かれません。発注量も万単位です。長年下請けとしてやってきた小林さんは、いわゆる下請け根性がしみついていたのでしょう。技術を活かした新しいコイルの開発という仕事があることに、このとき気づいたのです。

それに下請時代には、営業し受注するということを考えなくても済みました。親会社の要求する数量を納期通りこなすことで頭が一杯だったのです。しかし、これからは営業をしなければなりません。**営業先は大手メーカーの開発担当に絞りました。**普通のコイルをより安く買おうとする購買担当ではありません。製品開発に取り組み、コイルとその周辺に問題意識を持ち、特殊なコイルを欲しがるのは開発担当だからです。

小林さんは「**コイル&コイル周辺技術のソリューションパートナー**」と名刺に刷り込み、ホームページや展示会で打ち出して、空中戦（情報発信、PR活動）を繰り広げます。新製品ができればプレスリリースを作成して

『セルパップブラザーズの歌「中小企業Q．C．D」の歌詞の一部』
「……♪だけど俺には夢がある。誰にも負けない意地がある。目指す技術は世界No．1！　日本のモノ造りは中小零細の底力。決して大企業の力なんかじゃないぜ。オイラの技術は本物。誰にも絶対マネできない♪……」
＊Q．C．DとはQuality（品質）、Cost（価格）、Delivery（納期）。製造現場の基本。

地元の新聞社などに送り、記事にしてもらいます。

接近戦（営業活動）では顧客の問題に迫っていきます。例えば、飲料の自動販売機は零下から高温まで温度差が生じるがゆえにコイルが結露して劣化するという問題がありました。セルコは結露しにくいコイルを開発することで、この問題を解決します。**下請けを脱するには、独自の技術により顧客の問題を解決しなければなりません**が、さらにそのことをＰＲし、営業しなければなりません。技術力に集客力と営業力が伴わない限り、成り立たないのです。

セルコは様々な顧客の問題解決に取り組むために、特殊なコイルの開発を続けた結果、誰もできない独自性がある付加価値を持ったコイル製造会社となっていきます。理論上、コイルのエネルギー出力は銅線を巻いた回数の二乗に比例するといわれています。ですが、現実にはそうなりません。なぜなら巻き方にムラがあるからです。

普通のコイルは占積率（全表面積に占める銅線の割合、密度のこと）は八〇％程度。巻きムラによる空間はエネルギー効率を落とすのみならず、熱がこもり劣化が早まります。

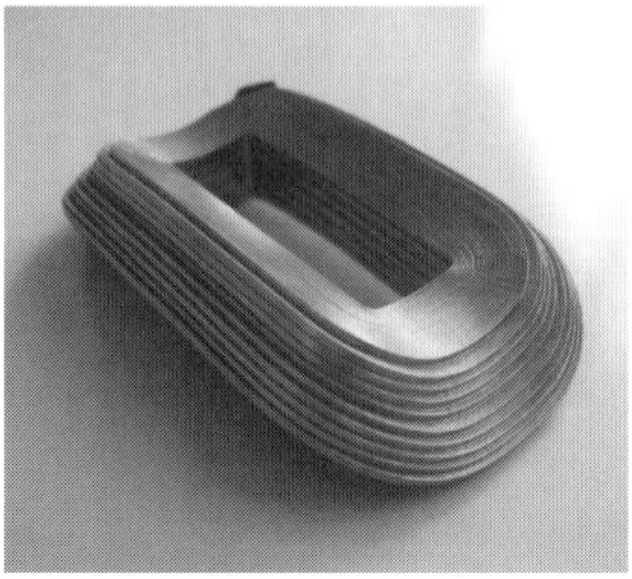

最小サイズで最大効率を追求した、究極の回転機器用コイル

セルコが開発した特許製品の高密度コイルは占積率最大九六％です。エネルギーが理論値に近く増幅される、小型でパワフルなコイルです。半導体や最新の情報機器に組み込まれていきます。

こうして培った**「高付加価値コイルならセルコ」**という評判は意外なところからの引き合いを呼び込みます。内科医から、コイルを患部に貼ることで腰痛やリウマチ、アレルギーを治療したいという依頼が来ました。

人体には生体電流と呼ばれる微弱な電流が流れています。生体電流は生命活動の様々な情報を全身に伝える役割の一部を担っていますが、この流れが停滞すると関節や筋肉の痛み、ひいてはアレルギー疾患や内臓疾患にまでいたると考えられています。この生体電流の流れを整えることにコイルが使えるというのです。

セルコでは、仙台市の丸山修寛内科医（丸山アレルギークリニック院長）との共同研究により、外部の静電気や電磁波を取り除き、生体電流の流れをスムーズにするコイル「セルパップ」を開発しました。**ついにセルコは部品ではなく完成品メーカーとなった**のです。

COMPANY DATA
株式会社セルコ

- 設立：1970年
- 代表：小林延行
- 所在地：長野県小諸市
- 事業：コイル製造業
- 年商：3億7000万円
- 従業員数：35名（パート、海外研修生含む）
- http://www.selco-coil.com/

自らを「商売繁盛お手伝い隊」と名づけ、生き残った小さな卸売業者

株式会社長野デラップス　社長　増澤良雄　氏

小さな地場卸の多くは斜陽です。長野県で食品トレイやレジ袋などを地域の食品店に販売してきた長野デラップスも、顧客である地場食品店の衰退による需要減と競争の激化、価格競争で存亡の危機にありました。

二代目の増澤さんは**自社の存在意義を根本的にとらえ直し、生き残りを図ります。**企業理念を〈お客様のお店の賑わいづくりが私たちの喜びです。「包む」を通して商品の価値を高め、お客様の商売繁盛に貢献します。地域と私たちの共感と信頼を通じて個人・会社・地域の活力を創造していきます〉と定め、自社の事業を〈地元の色々な資源を「包む」ことで地域の価値向上をプロデュースする〉と定義しました。

長野デラップスの商圏である長野県の中南信地方は、平地が少なく気候も決して恵まれているわけではありません。それゆえに農業が工夫され、食品加工・保存技術が発達しました。寒天や高原レタスなどが有名である

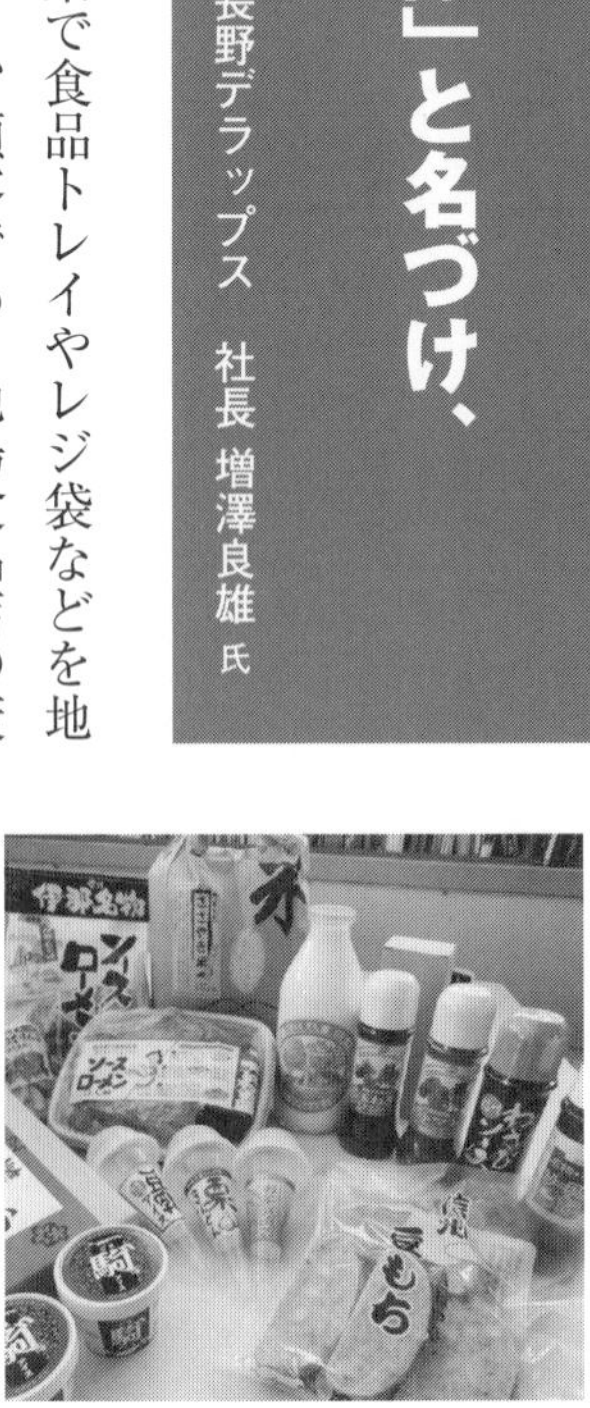

インパクトのあるパッケージで引き立つ地元の名産品

『**卸売市場の動向**』
卸売市場は九四年には国内販売額五一四兆円、四三万事業所だったのが、〇七年には四一三兆円、三三万事業所と二割減。需要の低迷と卸売価格の低下などの影響もあるが、大手メーカーと大手小売や大口ユーザーの直接取引が増え、取引回数が減っている（いわゆる〝問屋の中抜き〟）が要因。

ように、ユニークな食資源の宝庫なのです。

ただし、生産者・加工者は個人事業、家族経営が大半です。つくることには長《た》けていても売ることは苦手なもの。店頭に商品が並んでも大規模事業者のパッケージと比べると、どうしても見劣りします。そんな零細メーカーや、その商品を売ろうという小売店を手伝いたい。増澤さんは自らを「商売繁盛お手伝い隊」と名づけます。

シール印刷機を導入し、一〇〇個からという**小ロットで予算一万円内でもオリジナルパッケージを作成する仕組みを開発**しました。デザイン処理されたシールを既存の瓶や袋に貼るだけで、一つのブランドのように見えてしまうから不思議なもの。田舎でもお年寄りでも小予算でもブランド製品ができるようになりました。とき折しも、農産物直売所が次々と開設され、農家や個人の出品が急増、事業は拡大します。

いまでは外部スタッフの協力を得て、包装のみならず、什器や内装にいたるまで、小売店や製造業者が繁盛することを包括的にプロデュースする会社になりました。これにより、需要を創造し、地域を活性化することに貢献できました。

増澤良雄社長

COMPANY DATA

株式会社長野デラップス

■創業：1950 年
■代表：増澤良雄
■所在地：長野県駒ヶ根市（諏訪市に営業所あり）
■事業：包装資材卸売業
■年商：4 億円
■従業員数：11 名
■http://www.lapland.jp/

カーテンを部屋に試着させる出張販売に生き筋を見出す

株式会社カーテン館「窓」社長　後藤賢之氏

カーテンを出張販売するカーテン館「窓」〈以下、〈窓〉と表記〉。出張依頼があれば約一〇〇〇種類のサンプルを積んだワゴン車でお宅へ伺い、相談を受けながら部屋のなかでカーテンの試着。ここまでは無料です。気に入らない場合や、予算が合わなければ自由に断われます。が、断わられる率は一～二割で、八割以上が注文するという。平均客単価は三〇万円。

洋服でも気に入ったものを試着してみたら似合わないことはよくあることです。逆に自分だったら選ばないような服を店員に奨められて、試着してみたら魅力的に見えることも。つまり、消費者自身が自覚している好みには限界があるということです。**専門家のコーディネートの価値がそこにあります。**

カーテンの場合、一般に店舗でサンプルやカタログを見ながらお客様とコーディネーターとで選びます。洋服でいう試着をせずに。その場では素

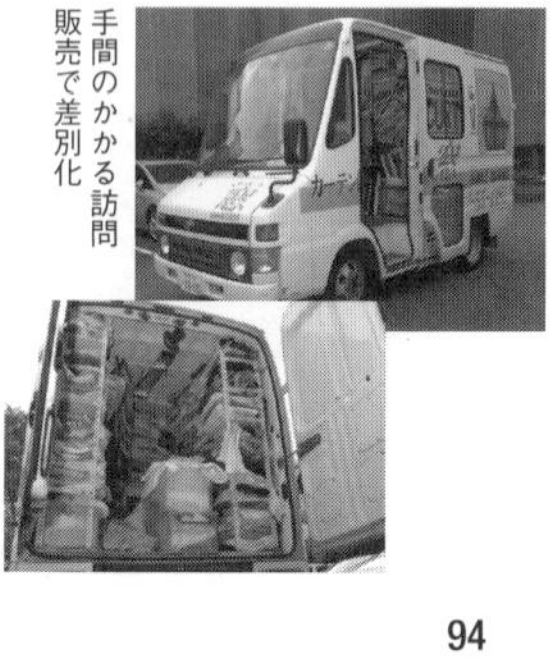

手間のかかる訪問販売で差別化

『珍商売としてテレビに登場』
〈窓〉は、いきなり繁盛店となったわけではない。訪問試着販売を始めて数年後の八〇年代後半、珍商売として雑誌に報道される。そのことが呼び水となり、テレビなど次々とメディアに登場することになる。これにより問い合わせが殺到。信頼も高まり、事業は安定する。

敵に見えても、取り付けてみたらパッとしないことも多いのです。

だからお客様は無難なものを選ぼうとします。コーディネーターも部屋を見ずに提案しても似合わない危険性があるので、お客様の好みを優先してしまいます。よいものの魅力がお客さんに伝わらず、平凡なカーテンが売れていきます。〈窓〉の出張販売は、それらを解決しました。

では、なぜ、他社は追随しないのか。第一にカーテンに特化した事業者が少ないこと。カーテンの多くは家具・インテリア店、ホームセンターの一つのカテゴリーでしかなく、そもそも専業者が少ないのです。

第二にこの販売手法は訪問する人材次第です。コーディネート能力はもちろんですが、コミュニケーション能力も求められます。初対面の人を家に招き入れることに抵抗感のある人は多いもの。信頼感も求められます。

つまり、カーテンの訪問試着販売は専業者が少ないうえに、**属人性の高いビジネスモデルです。そこに小さな〈窓〉の生き筋があった**のです。

「成約率は高いし、価格のことは問題になりにくい。こちらの提案が受け入れられるのでやりがいもある。何よりもお客様の満足度が高いのです。お客様が喜んでくださるので、私もうれしいのです」

後藤賢之社長

COMPANY DATA

株式会社カーテン館「窓」

- ■創業：1980 年
- ■代表：後藤賢之
- ■所在地：東京都武蔵野市
- ■事業：カーテン販売業
- ■従業員数：4 名
- ■http://www.mado-mado.com/

弱みを強みに変えて世界に羽ばたいた小さなニット工場

株式会社松井ニット技研　社長　松井智司 氏

最新鋭の編機の五分の一のスピードしか出せない古い編機を使い、小さな工場で少ない職人で運営している松井ニットのマフラーが、ニューヨーク近代美術館（ＭｏＭＡ）のミュージアムショップで二〇〇三年以降、スカーフ部門で売上数量トップを続けています。

ＭｏＭＡとはピカソやモンドリアンなどの収蔵で知られる近現代アートの殿堂です。そのミュージアムショップは美術館のお土産物屋というレベルではありません。ＭｏＭＡのセンスで世界中から集めた芸術的な雑貨群のセレクトショップというべき店です。そんな世界レベルの場所で、一番売れているというのです。

松井のマフラーは縦縞《じま》の多色づかいが特徴です。手にしただけでは派手に感じるかもしれません。ところが、身につけた姿を少し離れて見ると、まるで絵画のように芸術的な色模様。畝《うね》が豊かな表情をつくります。柔ら

同社オリジナルブランド「ニッティングイン」の製品。（上）ストライプリブマフラー、帽子、手袋。（下）ウェーブリブマフラー

〖国内繊維産業の状況〗
繊維産業はかつての我が国の基幹産業で、全国各地の伝統的地場産業を形成した。しかし今日、製造現場の多くが中国などのアジアに仕事を奪われ構造的不況業種に。地域経済の疲弊の一因となる。

かく弾力性があり、首回りの柔らかい肌にフィットします。

松井の編機「ラッセル編機」は大手ニットメーカーでは使っていない古いものです。でも、この編機は古いからこそ、手づくり感のある縦のリブ編み《あ》（畝がある編み方）ができるのです。また、大手は効率が悪いので色数をたくさん使うことを避けます。が、松井は一八〇色もの糸が少量でもその都度、調達できるようになったことで、小規模でも多色使いの製造が可能となりました。**大手ができない、あるいはやりたくない仕事に生き筋を見出した**のです。

ＭｏＭＡでの実績を背景に、松井は岡山の大原美術館など国内有力美術館のミュージアムショップを次々と新規開拓。その美術館が収蔵する美術品をイメージさせる色使いの芸術的なオリジナルマフラーを開発します。

そして、〇五年、ついに自社ブランド「ニッティングイン」を発表。短期間に五〇店ものセレクトショップを新規開拓。一部の百貨店にも供給していますが、いわゆるマフラー売り場ではなく、デザイン性の高い雑貨類を集積したショップでの展開です。価格は五〇〇〇円台。デザイン、質感、品質を考えるとリーズナブル。ギフト需要が多いのもうなずけます。

松井智司社長（左）と松井敏夫専務

COMPANY DATA

株式会社松井ニット技研

- 創業：1907 年
- 代表：松井智司
- 所在地：群馬県桐生市
- 事業：ニット製品の製造業
- 年商：1 億円
- 従業員数：8 名
- http://www.matsui-knit.co.jp/

CHAPTER 3

戦略とは捨てること

戦略の原則の集中とは、集中しないことを捨てることから始まる。理屈はわかるが、なかなかできないことをやる方法とは。

売上の三分の二を捨てて、七年で五倍となったパン屋

株式会社ピーターパン　社長 横手和彦 氏

四店舗で年間一〇億円を売り上げ、経常利益を一億円も計上する超繁盛パン屋が千葉県にあります。株式会社ピーターパンです。どんな店なのか、平日のお昼どきに船橋市にある本店を訪れました。

同店は船橋駅から車で五分ほどの郊外ロードサイド店です。五〇台駐車できる駐車場を持っています。店構えはログハウス風。パン焼きおじいさんが石窯《がま》からパンを取り出すイラストが壁面に描かれています。

店内に入ると、そこは生鮮市場のような活気。お客様でごった返し、店員が笑顔で「メロンパン焼き上がりました～」などといいながら焼きたてパンを次から次へと陳列。調理スペースはオープンスペースかガラス張りになっていて、パン職人さんのキビキビした動きがよく見えます。とくに目が向くのは入り口すぐ脇のスペイン製石窯。職人さんが焼きたてのパン

地元の人々の憩いの場に（船橋本店）

を取り出す場所がよく見えるように開放されていて、**お客様との一体感を醸し出しています。**

焼きたて、揚げたて、つくりたてのパンが他店より一割以上も安い。レジには平日の昼間だというのに行列が。コーヒーや麦茶を無料で提供しており、お店の前のテラスで食べている人も大勢います。子連れの若いママたちや、中高年の夫婦連れなどで溢れています。

この店が繁盛しているのは他のパン屋だけでなくファミレスやファストフードなどの外食産業からもお客様を取り込んでいるからなのでしょう。おいしいものを食べると自然と笑顔が広がります。お客様の笑顔は、お店のスタッフも笑顔にします。

理念に従い、売上の三分の二を捨てる

社長の横手さんは若い頃からレストランクラブを経営していましたが、従業員に経営を譲り、一九七八年、三三歳のとき「焼きたてのパンの店ピーターパン」を開店します。この地域は東京のベッドタウンとして急速

横手和彦社長

に人が流入してきた地域です。需要が拡大し続けていました。やがて、宅配ピザのフランチャイズにも加盟し、パン屋と宅配ピザ屋を多店舗展開し、九三年には売上は五億円に迫らんとしていましたが、すでにバブルは弾けていて、経常利益はほとんど出なくなります。

ピザ屋はフランチャイズ本部の方針と考えが合わず、脱退。独立店となります。横手さんはこの頃から経営の勉強に本格的に取り組みます。それまでは「早く規模を拡大したものが勝つ」という考えを経営の原理としてきました。これは**市場が成長するときの論理**です。

市場が成熟してくると、一店一店が弱ければ利益は出ません。**成熟期の論理は「地域一番店」であることに気づきます。**地域一番店をめざすには、パン屋か、ピザ屋のどちらか一つに絞るべきと考えます。どちらに絞るべきか。そのために、経営とは何か、事業と何か、仕事とは何か、を突き詰めて考えました。

「よいものを広めていくことは大切だが、規模を拡大すること、売上を追求することは事業の目的ではない。利益は企業の持続的発展や社会的役割を果たすためにも必要だが、仕事をした結果として得られるもので、こ

〖国内パン市場動向〗
二〇一一年、世帯あたりのパンの消費額が初めて米の消費額を抜いた。ただし、パンが伸びたのではなく、米の激減による逆転だ。パン市場全体は横ばいで、市場規模は一兆四〇〇〇億円。大手四社で市場の六割を占め、製造直売するフレッシュベーカリー個店の淘汰が進んでいる。

れも事業の目的ではない。『お客様も楽しい、社員さんも楽しい、経営者も楽しい』、そんな、**みんなが楽しい経営をすることが、自分が事業を行う目的だ**、との思いにいたりました」

二〇〇〇年当時、パン屋三店で売上一億八〇〇〇万円。宅配ピザ屋五店で売上三億六〇〇〇万円。一対二の割合です。横手さんは売上の三分の二のピザ屋から撤退し、売上三分の一のパン屋に事業を絞る決断をします。ピザ屋の利益が出ていなかったわけではなく、利益も一対二の割合でした。

「楽しい経営」が目的ならば、お客様の笑顔に囲まれたパン屋に集中したいとの思いです。もちろん、ピザも宅配時にお客様の笑顔に出会えますが、出会うのは配達スタッフだけ。かつてレストランクラブをそうしたように、ピザ店も先々会社を譲ることを前提に資本と経営を分離し、従業員に任せることにしたのです。

〔国内ピザ市場動向と横手さんの決断〕
国内ピザ市場は二五〇〇億円。うち宅配店・ピザ専門店は一五〇〇億円。この一五年間でそれぞれ五〇〇億円拡大した。市場の成長性を考えるとピザを選択するのが自然。しかし、横手さんは経営理念に照らし合わせ、パンを選択した。

常に焼きたてという圧倒的な差別化

集中するからには圧倒的な差別化を行ない、地域一番店にならなければならない。そのため理想の店づくりをしようと同年、現在の店舗の原型となる店を開店します。「楽しい経営」の目的のもと、お客様には見る楽しみ、スタッフと語らう楽しみ、買う楽しみ、食べる楽しみを存分に味わってもらいたい。そうして買う人、食べる人、つくる人、売る人に、もっと喜んでもらいたい……そう考えた横手さんは**「ちょっと贅沢、ちょっとおしゃれな食文化を提供します」**をコンセプトにした店づくりをします。

これが「千葉都民」といわれる東京のベッドタウンに暮らす人々、とくに主婦層に支持されます。お店づくりとともに、原価は高いけれど価格を他店の一割以上安くしていることがポイントです。当然、粗利率は下がります。その代わり、客数、客単価（一客あたりの買上総額）が高まります。パン屋の多売とは商品回転率が高いということです。実に一日一四回転します。その結果、常に焼きたてパンを提供している店となりました。

パンは焼きたて、つくりたてが旨いに決まっています。ピーターパンは**常に焼きたてという圧倒的な差別化を手に入れた**のです。

二〇〇七年までに大型店を三店、スーパーの小型インショップ一店の計四店体制となり、年商一〇億円、経常利益一億円を突破するにいたります。

《ピーターパンの三点攻略法》

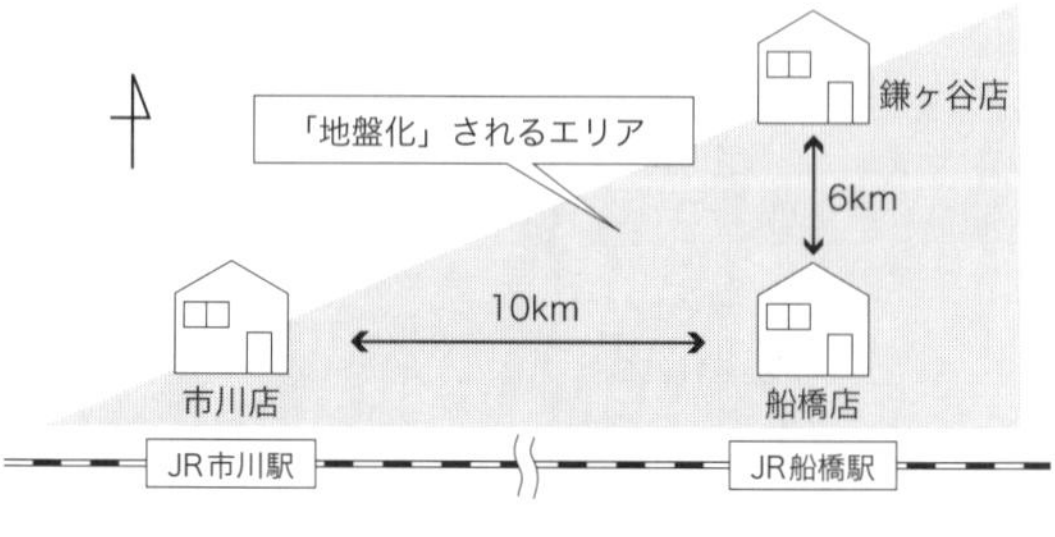

〇〇年に売上の三分の二を捨ててから、七年で当時のパンの売上に比べて五倍以上になったわけです。

大型三店は東西一〇キロ、南北六キロメートルの三角形で結ばれています。点が線になり、面を形成します。この**三角形で囲まれた地域はピーターパンの影響を強く受けること**になり、占有率が高まります。いわゆる「地盤化」であり、こういう出店方法をランチェスター戦略では「三点攻略法」といいます。

こうしてピーターパンはこの地域Ｎｏ．１のパン屋となりました。大型二店は土日になると客数は二〇〇〇人、客単価一〇〇〇円で、日商二〇〇万円という超繁盛店です。

「構造不況業種だ、原料高だといわれますが、不況や原料高のせいにしてもしようがないし、不況業種はパン屋だけではない。不況業種のなかに勝ち組・負け組がいるということです。むしろ、好況業種ほど競争は激しく、不況業種ほど競争は緩やかなのではないでしょうか。勝負のポイントは商品価値と価格のバランスだと思います」

『ピーターパンの現在』
二〇〇九年、千葉県八千代市に一店がＯＰＥＮ。現在は計五店舗、売上は一三億円となっている。

COMPANY DATA
株式会社ピーターパン

- 創業：1977年
- 代表：横手和彦
- 所在地：千葉県船橋市
- 事業：パンの製造販売業
- 年商：13億円
- 従業員数：90名、パートアルバイト150名
- http://www.peaterpan.com

「なら・しか経営」で富裕層向け家事代行業のNo.1企業に

ミニメイド・サービス株式会社　社長 山田長司 氏

富裕層を対象にした家庭の清掃など時間制家事代行サービス業のパイオニア、ミニメイド。同社が提供するサービスは、たとえばスタッフ二人が週に一回訪問して二時間清掃をする場合で、一回あたり二万五二〇〇円と、同業他社と比べて高めの料金を設定。**顧客対象を富裕層に絞り**、契約期間も六か月単位と長期。家事代行サービス業者が乱立し価格競争も激化しているなかで、同社はいかにして順調に業績を伸ばしているのか。

国内初の時間制家事代行サービス業

同社の原点は、いまでいう学生ベンチャーです。一九七〇年、中学時代の同級生七人と八王子で起業しました。仕事はビルや企業の寮などの清掃

掃除、料理、買い物……。同社の家事代行サービスは多岐にわたる

業。特別なノウハウはありませんでしたが、当時の多摩地区はビルの建設ラッシュ。需要が急拡大しているなか、若い情熱で業容を大きくしていきました。

それから一〇年、会社は少しずつ成長していきました。そして事業の多角化に取り組むことになります。このとき、山田さんは一冊の雑誌の小さな記事に目をとめます。アメリカで家庭の清掃を時間制で代行するサービスが流行っているという。山田さんはこれに**興味を持ち、連絡をとってアメリカのその業者を訪れました**。インターネットなどない八二年のことです。実に行動的です。

その会社は白人女性を四人一組で契約家庭に派遣し、二時間程度清掃するというサービスをフランチャイズ制で展開していました。スタッフの働きぶりを見て山田さんは衝撃を受けます。とにかく明るい。楽しそうにイキイキと働いている。チームワークがうまく機能していて仕事は速い。

それまで山田さんには、清掃の仕事というのは他に仕事がない人が仕方なくやっている印象がありました。それなのになぜ、この人たちはこんなに楽しそうに仕事ができるのだろうか。女性だけのチームで仕事をする。

山田長司社長

おしゃれなユニフォームを着る。働く場所は富裕層の高級住宅。そして何よりも、パート仕事だけでなく、望めばフランチャイジーとして家庭の主婦も起業することができる――。

このやり方なら仕事をイキイキとしたものにできる。清掃業のイメージを変えられる。帰国した山田さんは翌八三年にはサービスを開始します。

山田さんは世田谷の高級住宅街に第一号店を開設。近隣世帯に新聞折込やポスティングでチラシを配布しますが、さっぱり問い合わせがありません。開業半年間は開店休業状態です。ニーズはあるはずなのに問い合わせがない。なぜか。どこの誰かもわからない人を家に入れて、見せたくない所まで見せることに不安や抵抗があるのでしょう。家事代行というサービス自体が、まだまだ認知されていなかったし、同社も世間的に無名で信頼感がなかったのでしょう。

山田さんは、見よう見まねでプレスリリースを作成して、マスコミ各社に送ります。「まったく新しい主婦の味方のサービスが始まりました。プロの清掃ノウハウを持つ女性だけで家事を代行します。時間制で複数のスタッフが訪れ短時間で済ませます」

【全く新しいサービス】
創業の頃は、家事サービスというと「火事」を連想され「消防署の方ですか」といわれたという。

こういった**新奇性、社会性ある新サービスはマスコミの好むところ**です。富裕層主婦が主な読者である月刊誌『家庭画報』で取り上げられたのを皮切りに、各メディアで次々と報道されます。問い合わせが殺到しました。

一般の清掃の仕事は捨てる

こうして事業は立ち上がりますが、話題になっているので様々な問い合わせが舞い込みます。アパート一棟分まるまるきれいにしてくださいなど。これらをすべて受注していては単なる清掃業者です。一般の清掃の仕事はすべて断りました。

山田さんは客層、地域、サービスの重点化と差別化を図ります。客層は、当時発表されていた**年収二〇〇〇万円以上の高額納税者を対象客に限定**します。

富裕層が多い地域を地理的に把握し、地域を限定します。技術的・接客的に高品質な清掃を女性三人一組で短時間で提供するサービスに限定します（後に段階的に提供サービスは広げていきました）。

【家事代行・生活支援サービス産業の市場規模】
民間シンクタンクの調査によると市場規模は一五〇〇億円。一〇年間で三倍となった。女性の就業率の向上に伴い、将来五〇〇〇億円に拡大する見通し。

週一、月二など頻度を定め、六か月単位の長期契約。必然的に価格は高めとなりますが、**サービス品質で差別化し、価格競争を避け、値引きもしない価格決定権のあるサービス**です。逆にいうと高価格だから富裕層しか依頼できないのです。

山田さんはこれを「なら・しか経営」と呼んでいます。**〝富裕層なら〟〝高級住宅街しか〟〝女性しか〟と戦いを局地戦に絞った**のです。売上を考えるならアパート一棟まるごと清掃の仕事を引き受けたかったはずですが、自社が切り拓いたニッチ市場でＮｏ．１になることを優先したのです。

八五年には清掃会社から分離独立。そしてフランチャイズ展開を開始します。女性の社会進出が進む時代背景が追い風となり、主婦のキャリアを活かした仕事をしたい人や、独立したい主婦も多く、加盟店は増えていきます。

その後、清掃業でフランチャイズのＤ社という大手上場企業が参入。

「あちらが象なら、こちらはアリ。まともに戦えば勝てるはずがない。『なら・しか経営』に徹していたから飲み込まれずに済んだのではないでしょうか。また、我々は急激な規模の拡大を求めませんでした。富裕層テ

【サービスメニューの拡大】
その後、ミニメイドはサービスメニューを拡大していく。最高のスタッフを派遣するホワイト・グローブサービスでは一回あたり一人三時間で三万一五〇〇円。地方都市では一回あたり一人二時間で六三〇〇円の家事ＣＯＮサービスなど。

リトリーに一つひとつ加盟店を育てていきました。**客層・地域・サービスに独自の強みを持っていればニッチでも強い**のです。一寸法師経営ともいえるでしょう」

D社の参入で、家事代行に対する社会的認知も進み、市場は拡大しました。その後も、参入が相次ぎます。競争は激化します。ミニメイドは新たなパートスタッフには五日間三〇時間の研修を義務づけています。最後の修了検定に合格しなければ現場には出しません。一回で合格できる人は半分です。時給を払って研修してもらって合格率五〇％なのです。

人数や店舗数は資本の論理で用意できても、これほどの教育を新規参入の業者は簡単に真似できません。こうして「富裕層の家事代行ならミニメイド」というNo．1の地位が確立します。

こうなると他業界企業との提携話も第一にミニメイドに来るようになります。例えば、三越の外商顧客への家事代行サービスはミニメイドが引き受けています。いまでは、こういった提携先からの顧客の比率は三割程度にまで増えています。二〇一三年三月現在、ミニメイドは加盟店一二三店、スタッフ二〇〇〇名を擁する規模にまでなりました。

COMPANY DATA
ミニメイド・サービス株式会社

■設立：1985年（サービス開始は1983年）
■代表：山田長司
■所在地：本社は東京都渋谷区、高級住宅街を中心に全国123箇所に FC 店を展開
■事業：家事代行サービスのフランチャイズ業
■年商：23億5000万円（FC含む）
■スタッフ：2000名（FC含む）
■http://www.minimaid.co.jp

「泊まれない旅館」というコンセプトのスーパー銭湯

カワラリゾート株式会社　社長　新田悟詞氏

安さと手軽さが受けたスーパー銭湯も、その数七〇〇軒以上と乱立ぎみで市場は飽和状態にあります。そうしたなか、半径一〇km圏内に五万人の人口しかいない（スーパー銭湯が成り立つのは一〇万人といわれる）埼玉県小川町にある「花和楽《かわら》の湯」は年間二四万人もの来場者で、週末は大行列ができるほどにぎわっています。

新田さんは外食産業で働いた後、三〇歳で家業の工務店を継いで間もなく、スーパー銭湯に転業する決断をします。温泉を掘削しながら、繁盛店を視察して研究を重ねるのですが、視察すればするほど感じます。**「どこも同じようなものじゃないか」**と。

そんなある日、新田さんはテレビの温泉番組を見ます。熊本県の黒川温泉に東京など遠方から多くの人々が訪れるという。草津も熱海もドライブ圏内にある東京人が、特別な名物もない辺鄙な山奥になぜ、飛行機に乗っ

「花和楽の湯」の入口

【**花和楽の湯**】
花和楽の湯は、どんなにお客様が来ても滞在時間に制限を設けない。入場制限をしてお客様を無理に詰め込まない。入場できないお客様には割引チケットを配布し、再来館を促す。

てまで訪れるのか。新田さんは黒川温泉に行きます。

黒川温泉の「のし湯」に泊まった新田さんは感じます。ここは「日本のふるさと」だ。人をホッとさせる雰囲気が現代人にとっては非日常体験で、癒しの時代に支持されるのだと。と、思いを巡らせるうちに「そうだ！『泊まれない旅館』をつくろう」と思い立つのです。

いくら黒川がよくても毎月、行けるはずもない。癒しの非日常体験の場を小川町につくれば東京人がドライブ一時間で来てくれる。一時間で小旅行気分も味わえるし、思いたったらすぐに行ける手軽さもあるので、ちょうどよいのでは。それに、**もはや日常空間と化したスーパー銭湯を圧倒的に差別化できる**と。

こうして、二〇〇四年、**黒川温泉から宿泊機能だけを切り捨てたコンセプトの施設**が誕生します。開業直後から繁盛します。なかには健康ランドに欠かせないカラオケはないのか、大広間の余興はないのかと不満を持つ人もいます。しかし、新田さんはコンセプトに照らし合わせて、それらのニーズには対応しませんでした。ゆったりと時間が流れる空間は、ドンちゃん騒ぎをする人がいては成り立たないのです。

新田悟詞社長

COMPANY DATA

カワラリゾート株式会社

■創業：1991年　■開業：2004年
■代表：新田悟詞
■所在地：埼玉県比企郡小川町
■事業：日帰り温浴施設
■年商：9億円
■従業員数：社員30名、契約社員14名、パート・アルバイト200名
■http://www.kawara-r.co.jp/

Lサイズ以外を捨てて一枚五円を実現した写真プリントラボ

しまうまプリントシステム株式会社　社長　永用万人氏

一枚一〇円が相場であったインターネットの写真プリントサービス。その市場に、一枚五円、五〇枚以上なら送料無料、五〇枚未満ならクロネコメール便の送料九〇円という驚異的な価格で参入。急成長（二〇一一年一〇月現在で月間一三〇〇万枚プリント）しているしまうまプリント。どのようにして、同業者の半額の五円で利益が出せるビジネスモデルを構築できたのか。

システム開発の専門家であった永用さんはネットプリント増加の機会をIT技術の強みでとらえようとしました。プロ用のプリンターを用意し、**自動化システムを構築**します。受注、プリント、あて名印字、梱包、発送までを人の手を介さないシステムです。

難しかったのは梱包です。写真を発送時に角折れさせてはならず、濡《ぬ》れてもいけません。軽くないとメール便の規格に合いません。もちろん、

豆腐用容器にヒントを得た梱包容器

【No．1になると間接販売も拡大する】
瞬く間にニッチ市場No．1となったしまうまプリント。ポータルサイトとの提携が進む。各ポータルサイトで注文を受け付けて、しまうまがその仕事を請け負う。すでに全売上の三割が提携先からの仕事となった。

ローコストの梱包材で簡単なオペレーションである必要があります。

「自宅で食事をしていて豆腐を口にしたとき、豆腐のプラスチック容器を応用することを思いつきました。柔らかい豆腐の角がつぶれず、防水性も高く、軽い、と。豆腐用容器を改良してオリジナル梱包容器を開発しました。一トレイに一五〇枚まで写真が入り、一番上に宛名が印字された紙が入り、メール便で送ることができるものです」

自動化とともにコストダウンの決め手となったのがプリントのサイズです。写真の八〇%はLサイズでプリントされています。残り二〇%が天地左右の様々なサイズで、これに対応するとコストアップになります。永用さんは**Lサイズとその関連サイズ以外を大胆に切り捨てました**。ネットプリントの特性上、「いますぐプリントしたい」「小枚数プリントしたい」「写真加工を技術者とやりとりしながら行ないたい」といったニーズにも対応していません。

一〇年には資金調達を果たし、会社分割により事業会社を設立。鹿児島県にプリンター四〇台を保有する工場を設立し、大量受注することで一枚五円を実現。圧倒的なシェアを獲得するにいたるのです。

永用万人社長

COMPANY DATA

しまうまプリントシステム株式会社

■創業：2007年
■代表：永用万人
■所在地：東京本社＝東京都渋谷区　鹿児島本社・ラボ＝鹿児島県日置市
■事業：ネット写真プリント業
■年商：11億円（2013年3月期見込み）
■従業員数：56名
■http://www.n-pri.jp

CHAPTER 4

接近戦で勝つ

顧客に密着する、直接販売する、川下作戦を展開する。これら接近戦を極めると、どのような境地に達するのか。顧客と企業の究極の関係づくりとは。

家電量販店ができない“御用聞き営業”で勝つ

株式会社ヤマグチ　社長　山口　勉 氏

〖既存客への感謝イベント〗

一九七八年の秋、山口さんは北海道の男爵イモを大量に入手した。これをお客様にプレゼントして喜んでもらうことを思いつく。以来三五年間、毎週土日に休まずイベントを行なうことになる。初夏にはカツオ、夏にはウナギと旬の故郷の味を無料もしくは格安でお客様に提供。新規客の集客イベントを行なう店はあるが、ヤマグチではこれを既存客とのコミュニケーションの場として実施している。

半径三ｋｍ圏の同一商圏内に、ヤマダ、ヨドバシなど大手家電量販店が六店も進出してきたにもかかわらず、したたかに生き残った街の電器店があります。東京郊外の町田市にある「でんかのヤマグチ」です。売場面積一五〇坪の店でハイビジョンテレビの売上累計一万六五〇〇台（二〇一三年二月二三日現在）を突破した、日本一繁盛しているといってもよい街の電器屋さんです。絶滅危惧業種といわれる電器店でいかにして成功したのか。

創業時から御用聞き商法

ヤマグチは一九六五年、ラジオやステレオの修理技術者であった山口さんが町田市の実家で家電修理業として独立したのがスタートです。従業員は自分一人。店舗も電話も顧客もなし。あるのは車一台だけ。その唯一の資産である車に乗り、山口さんは「電化製品で何か壊れているものはありませんか？」と**御用聞き**に出かけます。もともと職人気質の山口さん、「恐る恐るドアをノックして留守だと、むしろほっとしたものでした」と当時を振り返ります。

高度経済成長の波に乗り、少しずつ業容を拡大。やがて、小さな店舗を構え、スタッフも雇用し、松下電器（現パナソニック）の系列店として小売を始めます。当時は大量生産・大量宣伝・大量販売の「顧客拡大戦略」時代です。チラシを撒《ま》いて特売すればお客様がどんどん集まりました。しかし、ヤマグチはその路線ではなく、既存客を大切にする「顧客維持戦略」をとります。**いまと違って簡単に新規客を集客できた時代に逆張りの発想**だったは、なぜか。

「修理を通じて築いたお客様との信頼関係を大切にしていけば、新製品もヤマグチから買っていただける。アフターサービスをしっかりやっていけば買い替えのときはもちろん、お客様の紹介もしてくださる。だから**既存客を大切にする御用聞き商法に徹していった**のです」

山口　勉社長

危機に際して、御用聞き商法を進化させる

しかし、従業員四〇名を超え、売上も一五億円という規模にまで拡大した一九九六年、ヤマグチは存亡の危機を迎えます。町田市とその南隣の神奈川県相模原市を併せると商圏人口は一〇〇万人にもなります。これを大手が狙わないわけはありません。町田市に大手家電量販店が続々と進出してきます。

山口さんは次のように考えます。

《従業員が数人の規模なら御用聞き路線で何とかなる。しかし、従業員数・年商ともに中途半端な大きさになり、財務体質が強いわけでもない。これは極めて危険な状況で、売上は三割程度は下がるだろう。それでやっていくには粗利率を上げなければならない。現在の二五％の粗利率を三五％にまで高めたい。すぐには無理だろうから一〇年かけて一〇ポイント改善させれば何とか生き残れる。粗利を上げるために、これまで以上に徹底して顧客に密着しよう。それには、いまの**御用聞き顧客数**

〖町田市〗
町田は絹織物の集散地・八王子と積出し港・横浜を結ぶ街道の宿場町として栄えた町。七〇年頃から東京のベッドタウン化が始まり急速に人口が急増。

三万四〇〇〇人は多すぎる。御用聞き係が二二名で、一人あたり一五〇〇人前後を担当しているが、それを六〇〇人前後、総数を一万三〇〇〇人に減らそう》

多くの経営者は危機に際してキャッシュフローの観点から売上確保に走ります。少々粗利を落としても顧客数の増加で売上を志向します。「安売り・増客・売上路線」です。これに対して山口さんは**「高売り・減客・粗利路線」を選んだのです。創業以来の御用聞き商法の進化です。**

まず、次の四つのモットーを打ち出します。①お客様に呼ばれたらすぐにトンデ行くこと、②お客様のかゆいところに手が届く、③お客様に喜んでもらうこと、④お客様によい商品で満足してもらうこと。

次に、営業担当者の成績をそれまでの売上から、粗利で評価することにしました。**粗利で評価すれば担当者は安売りをしません。**値引きを要求する顧客は離れていきますが、粗利が確保できないお客様に時間をかけるより、大切なお客様にトコトン尽くすことに徹します。

そして、顧客は二万人以上を捨てたうえに、残った顧客をさらに格付けします。それまで御用聞き担当者の裁量に任せていた訪問頻度をルール化

《でんかのヤマグチの上得意様 9 分割表》

		1 年以内 購入	3 年以内 購入	3 年以上 未購入
お買上累計 100 万円以上	A	A 1	A 2	A 3
お買上累計 30 万円～100 万円未満	B	B 1	B 2	B 3
お買上累計 30 万円未満	C	C 1	C 2	C 3

します。前頁の図のように**顧客をお買い上げ時期とお買い上げ金額で格付けし**、最重要客には月に何度でも訪問し徹底的にサービスを行ないます。

「『ハイビジョンテレビやDVDのリモコン操作がわからなくなったらお電話くださいね。いつでも操作方法をお教えにいきますよ』。こうした、かゆいところに手が届くサービス（最近は、かゆくなる前にかいて差し上げるサービスをするように指導していますが）は、家電量販店にはとてもできません。**価格は少々高くても、安心料、便利代として考えればヤマグチのほうがよい**と思う人がいて当然ですし、高齢化すればするほどそういう人が増えます。旅行にいくときに鍵を預け、ペットのえさやりを頼まれるお客様は当店では珍しくありません」

御用聞きをする地域はもともと限定しています。お客さんの世帯主平均年齢は六四歳です。現代の六〇歳代は経済的に豊かで消費意欲も、新しい家電製品への関心も高い。しかし、昨今の家電は進化したぶん、操作方法も複雑化していてわかりにくい。**購買力も購買意欲もあるが、使いこなす自信がなくて買うのを躊躇している人が多い**のです。そこに、御用聞き商法の「生き筋」がありました。

目を引く巡回車で電球一個からお届け

御用聞きというと、顧客のいいなりになる印象があるかもしれませんが、ヤマグチの御用聞き係は、そうではありません。修理業が原点であるヤマグチは技術志向が高く、電化製品のプロという自負があります。顧客との雑談やお宅のなかを観察することで、顧客の電化製品への困りごと、使い方、期待などを察知します。そして、**顧客自身も気づいていない潜在的なニーズをとらえた提案**をします。

御用聞き商法でヤマグチの売上は当初覚悟していた三割減の半分、一五％減の年商一二億円で下げ止まりました。粗利率は一〇年を待たずして三五％を超え、今や四〇％に迫らんとしています。売れ筋はオール電化やエコキュートといった工事を伴う大型設備になりつつあり、関連してリフォーム事業にも進出、リフォーム関係の売上比率は全体の二〇％近くにまで伸びています。築年数が三〇年を超える住宅がひしめく町田の需要は拡大の一途です。

大手家電量販店は次々と撤退し、今や大型店一店とヤマグチ以外の中型店が二店あるのみ。生き残るどころか、小さなお店の勝ち残り戦略の模範例といえば、「でんかのヤマグチ」といわれるまでになったのです。

COMPANY DATA
株式会社ヤマグチ

- 創業：1965年
- 代表：山口 勉
- 本社所在地：東京都町田市
- 事業：家電製品販売業、リフォーム業
- 年商：12億円（2011年度）
- 従業員数：40名
- http://www.d-yamaguchi.co.jp/

出ていくだけでなく店舗でも親身な対応

顧客と共に歩む富裕シニア層に特化した旅行代理店

株式会社ニッコウトラベル　会長　久野木和宏 氏

顧客の平均年齢七三歳。なかには九〇代もいるという、シニア層に特化した旅行代理店ニッコウトラベル（以下、ニッコウという）。一人あたりの平均単価は五五万円と高額で、顧客の七〇％超がリピートする。年商は現在でも約四〇億円と旅行代理店としては大きくありませんが、一九九九年に店頭公開、翌二〇〇〇年には東証二部に上場。圧倒的に強い顧客基盤があることが株式市場で評価されたのでしょう。

広告代理店から旅行代理店へ

ニッコウは日本航空とは直接関係はなく、日本広告から名づけられました。新聞社で広告営業をしていた久野木さんが七三年に創業した広告代理

《海外旅行の取扱高ランキング（2011年度）》

順位	企業名	売上(億円)	シェア(%)
1	JTBグループ	4583	20.5
2	H.I.S.	3325	14.9
3	阪急交通社	2365	10.6
4	近畿日本ツーリスト	1377	6.2
5	日本旅行	1331	6.0

店が、その前身です。久野木さんは旅行雑誌の広告枠を各国の在日政府観光局に営業をかけます。政府観光局は観光客を自国に誘致するために広告を出すのですが、なかなか成果が上がりません。というのも、政府観光局がＰＲしたいのは日本人に馴染みのない地域です。売りたい地域と売れる地域が違うので広告効果が出ないのです。

「それならば、と、当社で旅行企画を立てることにしました。最初は台湾政府観光局です。ところが、異業種の我々はトップシーズンや土日の航空券などを押さえることができませんでした。確保できたのは旅行代理店が手を出さないオフシーズンの平日出発、平日帰りです。**これだと現役世代は集客できません。そこで定年後の世代を狙って『夫婦で台湾』と打ち出しました。**行き先も台北などの有名な観光地ではなく、台湾政府の要望を踏まえて田舎を回るというもの。正直いって、集まるものかどうか、予測できませんでしたが、募集定員の一〇倍も集客できたのです」

結果として、有名な観光地をすでに訪れていた旅慣れた人の市場を、久野木さんは生み出しました。富裕層で高齢で旅慣れていて、有名観光地に飽きていた人を対象にしたツアー企画を久野木さんは各国政府観光局に

久野木和宏会長

次々に提案。一九七六年には旅行代理店を設立。旅行業が主たる事業になっていきます。

「洋服は世代別にニーズ別にあるのに、旅行は最大公約数的なものばかりです。安いけれど、駆け足で回ってくるだけ。高齢者はツアーの足手まといとなり、観光地に行ってもバスのなかで待たされる場合もあるといいます。我々は『元気なうちに人生最後の旅をしたい』というニーズに応えて、価格よりも安心やゆとりを訴えてきました。顧客層を絞り、そのニーズに対応してきたら、『最後だと思っていたけど、まだ行けそうだよ』と、お客様がリピートしてくださいました」

ニッコウは六〇歳未満の方にはシニア層向けのツアーである旨をよく説明して、納得してもらわなければ申し込みを受け付けません。四〇歳未満の方のみの参加は原則として受け付けません。**シニア層以外の顧客層は捨てているのです。**

そのうえでシニア層のニーズを追求し、きめ細かく対応していきます。旅行に対する不便、不自由さ、不安、負担などの不満要素を解消するサービスを次々に打ち出します。例えば、荷物を自宅から集荷し空港まで届け、

【ニッコウのツアーの特徴】
シニア層といっても様々。健脚でしっかり観光したい人もいれば、ゆっくり歩調でゆったり観光したい人もいる。ニッコウでは〝ゆったり度〟1から3にツアーを区分しているものもある。自社所有の客船セレナーデ号の大河クルーズでは、当日の気分や体調で観光の〝ゆったり度〟を選ぶこともできる。バスも二五人乗りのゆとり設計。乗り降りを楽にしたスロープ階段付き。

帰りも空港から自宅まで届けます。留守宅に介護の必要な方がいれば在宅介護サービスを斡旋します。

顧客と一緒にビジネスモデルをつくる

ニッコウの添乗員は添乗しないときに、担当顧客に定期的に電話をしています。売り込みではありません。世間話に終始することが多いそうです。その雑談のなかで添乗員は顧客のニーズを知り、顧客の健康状態や家族のことなどを聞き、顧客データベースに少しずつインプットしていきます。シニア層は自分について分かっている人がいることで安心感を持て、定期的なコミュニケーションにより信頼感が深まって、七〇％を超えるリピート率にもつながっています。

ニッコウの添乗員はどのように育成されているのか。実は採用も教育も評価もお客様が大きく係わっています。

「当社の**新人採用の最終面接はお客様にしていただいています**。リピートされているお客様の中から毎回、四名の方にお願いして、二人以上が合

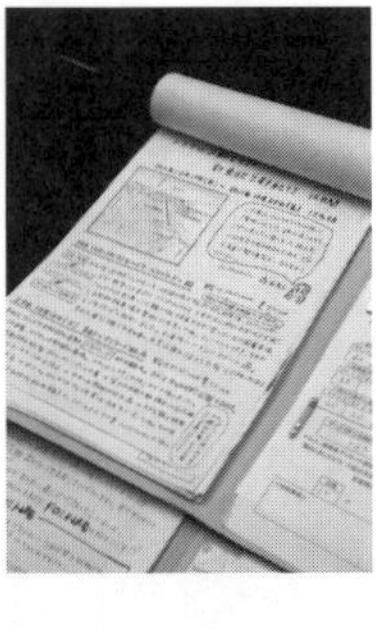

旅を終えた後もコミュニケーションをはかる

格を認めなければ、我々がどんなに欲しいと思っている人材でも不採用です。これはお客様が第一であることを社員に入社時点から強く自覚してもらいたいからです。サラリーマンは上司や社長の顔色をうかがいがちなものですが、そうであってはなりません。社員は、自分はお客様に選ばれた人間だという思いを胸に入社してきます。

社員教育も一部、お客様に講師をお願いしています。ツアーに参加してうれしかったこと、困ったことを語っていただきます。社員の評価もお客様にしていただきます。ツアーの最後にアンケートをお願いしています。この評価は添乗手当はもちろん、賞与、昇給にまで影響します。**お客様に社員の給料を決めていただいているようなものです**」

ツアーの最終日にアンケートに答えるお客様はこの回答が添乗員の評価となることを知っていますから、よりよい添乗員になってもらいたいという親心から真剣に書くことでしょう。内容の評価は次のツアー企画に反映されることも知っていますから、ツアー企画者のつもりになって本気で回答するでしょう。さらにお客様のなかには株主が大勢います。一〇〇〇株で旅行代金が一人一回五％割引になる株主優待券を発行しているので、夫

『To Customer から With Customer へ』
近代マーケティングの父といわれるフィリップ・コトラーは近年、企業と顧客の関係が大きく変わってきていると指摘している。これまで企業は、顧客志向で顧客のためによい商品・サービスを提供してきたが、これからは顧客とともによい商品・サービスを提供していくことになる。企業と顧客がコミュニティを形成し、共に新しい価値を生み出すパートナーになっていく。つまり、To Customer から With Customer へ、という。究極の接近戦である。

婦で二〇〇〇株を持つ安定株主が多いのです。

ニッコウの顧客は商品開発や人材育成に係わり、株主でもあります。**もはや、顧客と企業の境目がありません。究極の接近戦です。**顧客と共に、富裕層で旅慣れたシニア層が理想的な旅行を楽しむコミュニティを実現しました。

二部上場を機にニッコウは一七億円をかけて客船セレナーデ号を建造しました。久野木さんが語ります。

「セレナーデ号は河船です。河船というと日本人は天竜川の川下りのような激しい流れをイメージしますが、ヨーロッパのライン河、マイン河、ドナウ河の大河は運河でつながり、水量を調整していますので流れは緩やか。ほとんど揺れません。そして、セレナーデ号の最大の特徴は客室に浴槽があることです。やはり日本人はシャワーだけだとくつろげません。客室を目一杯広くとりました。ホテルのジュニアスイート仕様です。窓も大きくとりました。そのため、プールやジャグジーやジムなど、ヨーロッパの豪華客船にはつきものの施設は省きました。**日本人、とくにシニア層のための客船にするために自社建造したのです**」

COMPANY DATA

株式会社ニッコウトラベル

- 創業：1973年
- 代表：久野木和宏（取締役会長）、古川哲也（代表取締役社長）
- 所在地：東京本社、大阪支店、名古屋支店
- 事業：旅行代理店
- 年商：39億7532万円（2012年3月期）
- 従業員数：84名
- http://www.nikkotravel.co.jp/

自社建造したセレナーデ号

自ら売り切ることで不況を乗り越えた

高級紳士靴メーカー

株式会社ヒロカワ製靴　社長　廣川雅一氏

ファストファッション（流行を取り入れながらも安く、ファストフードのように手軽でカジュアルなファッション）全盛期に、一足税込二万八三五〇円から六万三〇〇〇円の国産高級紳士靴スコッチグレインが売れ続けています。

靴底を接着剤で貼り合わせる靴が主流のいま、スコッチグレインは底を二度縫いしています。履きやすくて丈夫で、靴底を取り換えることもできるので、大切に履けば一生ものの靴です。ただし、製造工程が格段に多くなるので、価格も高くなります。

スコッチグレインは百貨店のプライベートブランドやアパレルブランドへOEM供給してきたヒロカワが、一九七八年に立ち上げた自社ブランドです。革も欧州産の最高級のものを使用。日本人の足にフィットする靴型があるのも強みです。専門の修理工場もあります。価格は高くても順調に

手間をかけてつくられる靴に風格が漂う

【モルトドレッシング】
週末、上等なウィスキーを用意して皮靴に軽く馴染ませ、磨く。生涯の相棒ともいえる靴とじっくり向かい合う優雅なひと時はいかが？　お洒落な紳士のたしなみとして廣川さんが提案した靴磨き法。ファッション誌で次々と取り上げられた。百貨店の実演イベントにもひっぱりだこ。抜群のPR効果を生んでいる。

販売数量を伸ばしていきました。

リーマン・ショックの直後は生産量も減らしましたが、二〇一〇年末時点でリーマン・ショック以前の水準に戻りつつあります。**それは直売に力を入れてきたからです。**スコッチグレインは問屋経由で百貨店などへ卸してきましたが、九七年以降、直営店を開設。一三年三月時点で正規店四店、アウトレット店四店、インターネット店もあります。

また、年に四回、大きなアウトレットセールを開催。セールというのは諸刃の剣です。なぜ、安く売るのか、その理由や意味をしっかりと伝えなければブランドイメージを損ないます。革にこだわるスコッチグレインは正規品として使用する革部分を限定しています。例えば牛の頸《くび》の部分は素人にはわからない程度ですが皺《しわ》があります。使わない部分を廃棄するのはもったいないし、結果、正規品の価格に反映せざるを得ないので、この部分を使った靴をアウトレット品としてつくっているのです。

三日間で五〇〇〇万円前後の売上となります。かつて三対七程度だった直接販売と間接販売の割合は今では七対三程度です。**自ら売り切る接近戦の展開により、不況下でも売れる高級ブランドとなった**のです。

廣川雅一社長

COMPANY DATA

株式会社ヒロカワ製靴

- 創業：1964 年
- 代表：廣川雅一
- 所在地：東京都墨田区
- 事業：靴製造販売業
- 年商：19 億円
- 従業員数：140 名
- http://www.scotchgrain.co.jp/index.htm

バーベキュー・マーケティングでブランド豚を確立した養豚農家

株式会社みやじ豚　社長　宮治勇輔 氏

湘南藤沢の養豚農家に生まれた宮治さん。家業には無関心に育ち、普通に就職し、将来起業しようと経営の勉強をするのですが、そのとき日本の農業の現状を知り、大きな危機感を覚えます。農家に生まれたことを天命として肯定的に受け入れ、農業を改革し持続可能にすることを使命にしようと決断します。まずは家業を繁盛させ、その成功モデルを伝え、若い農業従事者を増やし農業の危機を救おうと二〇〇五年、家業を継ぎます。

《一般に農産物は相場と規格で価格が決まり、生産者に価格決定権がない。生産者は自らが生産した農産物がどの販売チャネルで売られるのか、よくわからない。この構造上の問題を解決することが農業の危機の突破口となるのではないか。**それには生産者と消費者を直接つなぐことだ。消費者の口に入るまでを一貫して行なう。**美味しさと安全・安心を追求し、顧客に喜ばれ、価格決定権のある仕事。農産物のブランド化とはそういうこ

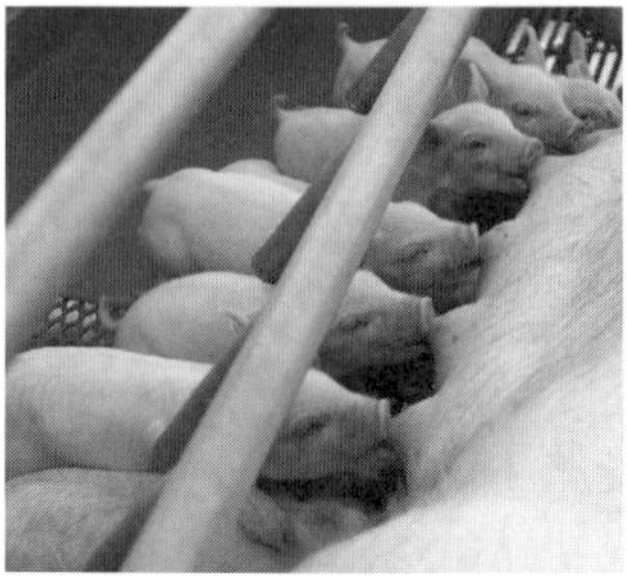

【**食料自給率と農業従事者**】
日本の食料自給率はカロリーベースで三九％、金額ベースで六六％。専業農家は四二万戸（ピーク時の一〇分の一）。農業従事者数は二五一万人（ピーク時の六分の一）、うち六〇％が六五歳以上。（以上は二〇一二年、農林水産省調べ）。

とではないか》と宮治さんは考えます。

まずは消費者に、自社の美味しい豚を湘南で食べてもらおうとバーベキューパーティを開催します。告知は月一回発行のメールマガジンです。友人や元同僚など知り合い九五〇名から始めました。〈会社を辞めて実家の養豚業を継ぎました。かっこよくて、感動があって、稼げる、３Ｋ産業にしてみせます。応援してください。つきましてはバーベキューを開催するので、ぜひ食べにきてください〉と。

みやじ豚を味わってもらうことはもちろん、湘南の農園を訪れ、大勢でワイワイやりながら食べることで、参加者は生産者や感性の近い仲間たちと触れ合い、みやじ豚の世界を体感し、**サッカーのサポーターのような口コミをしてくれるロイヤルカスタマーになります。**宮治さんは、これを「バーベキュー・マーケティング」と呼びます。まさに接近戦です。

〇九年、同志とともに「ＮＰＯ法人農家のこせがれネットワーク」を立ち上げます。都会で働く農家の子弟に、農業がやり方次第で「かっこよくて・感動があって・稼げる」となることを教え、実家に戻って農業を行なってもらうことを目的とした活動を本格化させました。

宮治勇輔社長

COMPANY DATA

株式会社みやじ豚

- ■創業：1974年
- ■代表：宮治勇輔
- ■所在地：神奈川県藤沢市
- ■事業：養豚業、豚肉の販売業
- ■http://www.miyajibuta.com/
  NPO法人農家のこせがれネットワーク
  http://www.re-farm.jp/

開発した粘土や絵具を「作品づくり教室」で普及させるメーカー

北星鉛筆株式会社　社長　杉谷和俊 氏

国内の鉛筆市場はピーク時の五分の一に縮小しました。業界大手は筆記具全般に手を広げることで生き残りました。三番手の北星鉛筆が目をつけたのは「おが屑《くず》」でした。

鉛筆は二枚の板の間に芯を入れて張り合わせてつくられますが、その製造過程において大量のおが屑が出ます。その量、何と板材の四〇％。昔は、銭湯や工場の燃料として引き取られていましたが、そのニーズもなくなっていきます。産業廃棄物として処理しなければなりません。

そこで、杉谷さんは**廃棄物のおが屑をミクロン単位の粉末にする技術を開発**。これに舐めても危険のない切手用の糊《のり》を加えて粘土にしました。木の粘土「もくねんさん」の誕生です。

木の粘土は紙粘土と同じく、形にすると固形化、作品化できます。乾燥後は木になりますから切ったり、削ったり、貼り付けたりと、木彫りのよ

「もくねんさん」と「ウッドペイント」でつくった作品

【**おが屑薪《まき》も開発したが……**】
一九九三年、最初におが屑で開発したのは固形燃料。バーベキュー用の「おが屑薪」として売り出すが、全く売れず。そもそも販路がなく、商品的にも本物の薪や炭を凌駕するだけの魅力がなかったと杉谷さん。しかし、この技術が後に「もくねんさん」を生む。

うでもあり、紙粘土よりも仕上がりの質感、完成度が優れているとの評価も得ます。

二〇〇一年、学童教材として文具卸ルートを使って各地の文具店に供給し始めます。しかし、いきなり売れるわけではありません。油粘土や紙粘土と比べてどうよいのか。体感してもらわなければ伝わりません。そこで北星鉛筆では**「もくねんさん」を使って作品づくりを行なうイベントを展開していきます**。本社ショールームで毎週、粘土教室を開催。スーパー、百貨店、東京ビッグサイトなど大型展示会の会場など、親子が集まるところでも積極的に出張教室を開催します。

「もくねんさん」が普及していくと、ユーザーから色つきの粘土が欲しいというリクエストが相次ぎました。ただのカラー粘土では面白くない。杉谷さんは、おが屑製の絵の具「ウッドペイント」を〇四年に発売。「もくねんさん」を彩色するのみならず、立体的な絵画も描ける本格派の絵の具です。水彩ならぬ「木彩画」です。

こうして、「もくねんさん」「ウッドペイント」併せて年間五〇万個、五〇〇〇万円を売り上げるまでになりました。

杉谷和俊社長

COMPANY DATA

北星鉛筆株式会社

■創業：1951年
■代表：杉谷和俊
■所在地：本社は東京都中央区、工場は葛飾区
■事業：鉛筆などの筆記具および粘土・絵の具製造業
■年商：6億円
■従業員数：28名
■http://www.kitaboshi.co.jp/

CHAPTER 5

キャラ立ち

キャラ立ちとは個性を際立たせ、一つの独立したキャラクターとして他者に認識させること。元々はマンガの作法用語。独自のポジションやブランドを示す。ただし、単に目立てばよいということではない。信念の裏打ちが求められる。

「健康をはかる」使命に特化し、ベストセラーを生み出す

株式会社タニタ　社長 谷田千里 氏

自社の社員食堂のメニューを紹介する料理レシピ本を出版したところ、ベストセラーになり、大きな話題となっている会社があります。健康計測機で高い占有率を誇る株式会社タニタです。

本のタイトルは『体脂肪計タニタの社員食堂～500kcalのまんぷく定食』（大和書房）。健康計測機のメーカーの社員が太っていては仕事に差し支《つか》える。どんな食事をして体形や健康を維持しているのか。その答えが、**満腹でも痩《や》せる、しかも健康的で美味しい**社員食堂のメニューです。野菜をたっぷり使って家庭的。ヒットするはずです。

「自分も料理をするので料理本を見ることはよくあるのですが、従来の本には不満を感じていました。レシピの通りにつくろうとすると一から食材を用意しなければならないこと。余った食材に触れられていないこと。

【タニタの社員食堂シリーズ（大和書房）累計四八五万部】
二〇一〇年一月発売時からベストセラーとなり、シリーズ作品が続々と発行。一三年三月現在で累計四八五万部となる。発売時に出版社はレシピコンテストを開催。副賞として純金一kg使用したヘルスメーター（製作費一〇〇〇万円）をタニタが提供。偶然売れたのではなく、仕掛けもしている。

この二点について出版社に要望しました。『食材使い回しさくいん』をつけたことで、まずは手持ちの食材から何をつくるか考えてもらえます。各レシピには余った食材の『使い回しレシピ』をワンポイント解説としてつけました」

それにしても谷田千里《たにだせんり》さんは料理に詳しいし、企画力があります。聞けば、タニタのオーナー社長の息子でありながら、三人兄弟の二番目ということもあって事業を継承するつもりはなかったとのこと。自立するために調理師や栄養士の資格を取得。その後、コンサルティング会社勤務を経て、二〇〇一年にタニタに入社。**調理師、栄養士、コンサルタントという千里さんのキャリアがこの出版企画にすべて生かされている**のです。

デジタル化の推進で体重計のトップメーカーに

タニタは大正末期の一九二三年に商店として創業し、戦後はタバコ入れ、ライター、トースターなどのメーカーとなりました。五九年には体重計を製造。

谷田千里社長

高度経済成長の波に乗り、業容を拡大させますが、八三年、千里さんの父親の大輔さんが経営をまかされた時点では赤字会社に転落していました。唯一の黒字部門が体重計だったのです。

大輔さんは数年かけてトースターとライターから撤退し、体重計に集中します。ただし、体重計は普及が進み市場は完全に成熟していました。そこで大輔さんは体重計のデジタル化に取り組みます。アナログだと一kg未満は目分量ですが、デジタルだと一〇〇g単位で計測できます（現在は五〇g単位まで計測可能）。五〇kgと四九・五kgでは雲泥の差があると感じる女性は多いもの。

いち早くデジタル化を推進したタニタは八〇年代半ばには体重計で国内市場シェア四〇％を超え、トップメーカーに躍り出ました。次なる目標は世界一です。大輔さんは世界一になるための商品開発のコンセプトを模索します。そんなとき、ある医師にこういわれます。「体重が多いのが肥満なのではない。脂肪が多いのが肥満なのです」と。

それまで肥満は、身長と体重のバランスで決まるものといわれていました。ところが、医学的にそうではないという。ならば、脂肪の割合を測定

【計画的陳腐化】
体重計のように、普及が進み飽和した市場では、買い替えを促進させなければならない。そのため、新製品には新たな性能・品質やデザイン・イメージを持たせ、従来品を意図的に陳腐化させなければならない。アナログからデジタルへのバージョンアップがまさにそれだ。その後の体脂肪計、体組成計への流れも同様だ。このようなマーケティング手法を「計画的陳腐化」という。

できる商品をつくれないか。**これがきっかけで世界初の体脂肪計が開発されたのです。**ちなみに体脂肪は体内脂肪の略称です。タニタによって体内脂肪、体脂肪率という言葉の方が普及したのです。

体脂肪計は空前のヒットとなり、タニタは九七年には体脂肪計の関連売上高世界一、国内シェアを寡占するＮｏ．１となりました。タニタの啓蒙もあってダイエットに取り組む人はさらに増えましたが、脂肪だけ都合よく落とすことは難しく、ダイエットに取り組むと筋肉や骨量なども衰えてしまいます。健康のための肥満防止のはずが不健康な減量となりかねず、身体を包括的に測定する必要が出てきました。〇三年タニタは、**体重や体脂肪率のみならず筋肉量、骨量（推定）、内臓脂肪、基礎代謝量などを計測できる体組成計を発売**します。

ただし、こうなると大手メーカーもだまっていません。家庭用血圧計のトップシェアで、タニタの三〇倍以上の規模を誇るＯ社や、わが国を代表する家電業界のリーディングカンパニーＰ社も参入。人気タレントやスポーツ選手をＣＭに起用したマス広告と店頭演出の物量戦を仕掛けてきます。それでもタニタは負けずに健闘していますがライバルも手強《てごわ》い。

『マーケティング近視眼の戒め』
もし、タニタが自らを体重計メーカーと定義していたら、精度や耐久性など性能向上には努めても体脂肪計を開発することはなかったであろう。タニタは消費者へ果たすべき使命を体重ビジネス、健康ビジネスと定義していたからこそ、体脂肪計に取り組めたのではないか。自らの事業領域を供給者の論理で狭く定義してしまう「マーケティング近視眼」（セオドア・レビットが提唱）の落とし穴に、タニタは陥らなかった。

また、異業種が体重計市場を侵食しています。任天堂の『Ｗｉｉ　Ｆｉｔ』です。体重さえわかればよいという人にはＷｉｉでこと足りるのです。大競争時代に突入し、タニタは売上を守るのが精一杯です。そんな踊り場的な状況の二〇〇八年に千里さんは社長に就任しました。

四代目は独自のＰＲ戦略で新たな顧客の創造に挑戦

千里さんは誰もが予想しないことから手をつけます。**インターネット動画投稿サイト「ニコニコ動画」を活用したＰＲ活動**です。当時、玉石混交のこの動画サイトに企業の公式コミュニティはありませんでした。同サイトでは、提供する動画に匿名のユーザーが自由にコメントを投稿し、それがそのまま動画上に表示されます。企業にとってイメージダウンなコメントが掲載されることもあり得るわけです。

「**大手企業では絶対にできない。だからやる価値があるのです**。反対論も社内にありましたが、私自身が出演して動画で語りかけています。『バカ社長』などとコメントされたこともありましたが、おおむね、好意的に

【男性の3割、女性の2割が肥満】
厚生労働省が身長と体重の割合から肥満の度合いを調査したところ、男性の三〇・四％、女性の二一・一％が肥満であった。年次推計を見ると女性は横ばい状況が続いているのに対して男性はこの三〇年で倍増している。このうち半数程度は糖尿病や高脂血症、高血圧症、膝関節症などの生活習慣病を抱えているといわれる。

受け止められています。出演している女子社員のメガネ姿が人気を博しているからかもしれませんが（笑）。宣伝や営業ではなく正しい商品知識を啓蒙しています。視聴者が本当によいと思ったら、リンクを張るなど、どんどんと自発的に口コミしてくださるのです」

成熟化、情報化した現代は経営者や企業の想いや情熱が重要です。これに共感すれば顧客は企業のファンとなり、口コミで広げてくれます。逆に反感を抱けばマイナスの口コミとなるのです。まさに**企業の使命感、志といったキャラクターが問われる時代**です。

タニタは五九年に体重計を開発したとき、それをヘルスメーターと名づけました。『体重をはかる』のではなく、『健康をはかる』。以来、この言葉がタニタの使命となりました。自社に与えられた使命に則《のっと》り、顧客に役立つ情報を正直に本音で発信していった結果、タニタのキャラクターが際立ち、マスコミが注目。出版社から出版企画が持ち込まれるにいたるのです。

ベストセラーで話題の「タニタの社員食堂」

COMPANY DATA
株式会社タニタ

- ■創業：1923年
- ■代表：谷田千里
- ■所在地：東京都板橋区
- ■事業：健康計測機器等の製造業
- ■年商：150億円（グループ計）
- ■従業員数：1200名（グループ計）
- ■http://www.tanita.co.jp/

顧客の生ゴミを回収する食品スーパー

株式会社やまと　社長　小林久氏

山梨県に顧客の生ゴミを回収しているスーパーマーケットがあります。甲府盆地に一〇店舗を展開するローカル食品スーパーのやまとです。生ゴミを回収する処理機は、店の入口のすぐ脇、店舗正面のよく目立つ場所にあります。

高齢のご婦人がビニール袋に入った生ゴミを持ってきました。秤《はかり》に生ゴミを載せ、お店のポイントカードをカードリーダーに挿入します。**生ゴミを持参すると五円分の買い物ができるポイントがつく**のです。すると普段は閉まっている生ゴミ処理機の蓋が開きます。ご婦人は慣れた手つきで生ゴミを投入し蓋《ふた》を閉めます。手洗い場で汚れを落としてから、買い物をしに店に入って行きます。

回収された生ゴミは処理機のなかで微生物の働きで堆肥になります。一

店頭に設置された生ゴミ処理機

台で一日あたり三〇〇世帯分に相当する一五〇ｋｇの処理能力があり、一五〇ｋｇの生ゴミから四・五ｋｇの堆肥ができます。処理機のなかを覗《のぞ》くと、見た目はおが屑のようです。脱臭しているので、匂いもありません。

この後、堆肥は契約農家に無償で提供され、二次発酵させて高性能堆肥となり、アスパラガスなどが栽培されます。収穫されたエコ野菜はやまとの店頭で販売されます。

顧客にとっても、我が家の生ゴミからできたエコロジー野菜には特別な親しみが湧くでしょう。エコロジーの輪に参加しているので気分もいいはず。そのうえ、その買い物には生ゴミの堆肥化に協力して貯めたポイントを使えるのです。そして再び生ゴミが発生し、資源が循環していきます。**社会の持続可能性を高める参加型の素晴らしい取り組みです。**

経営の近代化と差別化戦略で経営危機を突破する

一九一二年（大正元年）、小林さんの祖父が韮崎で鮮魚店を開業したの

小林久社長

が、やまとの創業です。やがて、鮮魚のみならず野菜、精肉など食品全般を商う食品スーパーへと発展。店舗数を増やしていき、今世紀になるまでに六店舗を擁する中堅チェーンとなりました。

山梨県には県内に三〇店以上を擁する県内強者スーパーがあり、全国区の大手も進出しています。やまとは、安売りで対抗してきましたが、価格競争は消耗戦となりました。二〇〇一年には大幅な赤字を出し、一年ももたないといわれる経営危機に陥ります。そのとき小林さんが社長に就任し、再建を託されるのです。

小林さんは同族会社の負の側面を断ち切り、ドンブリ勘定を改め、経営の近代化に取り組むことで赤字体質から脱却します。次に増客、増収です。大手強者が三〇代ミセスを意識した店づくりをするのなら、やまとは地元の中高年ミセスを大切にして、売場づくり、品揃えを工夫する。大手が釣り銭の一円玉が邪魔なときは募金箱にどうぞとやるなら、こちらは一円玉を端数の支払い用にプレゼント。**逆張り発想の差別化戦略で価格競争を避けながら、再建を果たしました。**

《差別化に取り組む視点は一般的に８つある　やまとのケースで検証》

	差別化の視点	やまとのケース
1	理念	小林さんの座右の銘は「利は義の和なり」 地域密着を超えた「地域土着」の店づくりを志向
2	マーケット	中高年婦人を客層に 特に環境意識の高い人に重点的にアプローチ
3	製品・サービス	参加型でストーリー性のあるエコ野菜
4	価格	かつて価格競争に疲弊し経営危機に陥る

エコプロジェクトでキャラ立ち

やまとが顧客の生ゴミを回収するようになったのは〇七年からのことです。以前から自社で出る食品廃棄物の堆肥化を行なっていたところ、環境団体から「顧客の家庭の生ゴミも回収、リサイクルしたらどうか」と持ちかけられました。

生ゴミ処理機は初期費用七〇〇万円。電気代などのランニングコストも月額一五万円かかります。薄利多売の食品スーパーとしては気軽に出せる金額ではありません。また、脱臭しているとはいえ、生ゴミの匂いに嫌悪感を持つ近隣住民や顧客もいるかもしれません。そもそも、顧客はわざわざ生ゴミを持ってくるだろうか。

案の定、環境団体は食品スーパー各社にアプローチをしたけれど、断られてきたそうです。それを聞いて、小林さんは次のように考えます。

《食品スーパーは食品を売るだけの存在ではないはず。地域住民や地域社会の抱える問題に対して、何かお役に立てないものか。生ゴミの回収は有料化されている。生ゴミの焼却によるCO$_2$の発生も、今後問題化する

《やまとのケースで検証・続き》

	差別化の視点	やまとのケース
5	販売経路	小売店のため、特になし
6	地域	商圏の拡大ではなく、地元住民の来店頻度を向上させる地盤強化
7	販促	キャラ立ちによる話題づくりの広報活動
8	営業・問題解決	エコ問題、ゴミ回収のソリューションの差別化 購入→廃棄→肥料→野菜→購入のプロセスの差別化

だろう。お買い上げいただき、食事をなさったその後の廃棄段階にいたるまで、食品を商うものは配慮すべきではないか》

食品スーパーは地域住民の生活に欠かせない大切なインフラとしての社会的役割があることに思いがいたるのです。一方で、弱者スーパーが生き残るには差別化し、顧客の支持を得なければなりません。小林さんは自社の戦い方を次の三原則にまとめています。①ライバルにやられてくやしいことを先に自社がやろう、②ライバルにマネされないことをやろう、③お客様にとってメリットがあることをやろう、です。

「よそがやらないのなら、やまとがやろう」と、小林さんは決断します。行政が有料で回収している生ゴミを、民間企業が無償で回収するうえに一回五円分のポイントまでつけることにしたのは、わざわざ生ゴミを持参してくださることへの感謝とともに商人としてのサービス精神でもあるのでしょう。どんなよいことでも、ゲーム感覚で楽しみながらやらないとなかなか定着しないものです。同時にポイントカードは顧客の固定化促進策でもあります。

やまとのエコへの取り組みは生ごみ回収にとどまりません。〇八年、県

スーパーやまとフジミモール店

下で初めてレジ袋の有料化を開始。**ノーレジ袋運動**です。レジ袋を辞退された顧客には五ポイント進呈。不要なレジ袋（他社のものでもＯＫ）を持参した顧客には一枚一ポイント。回収したレジ袋は再生され、再びレジ袋になります。レジ袋が必要な顧客には一枚二円で販売。レジ袋には店名ロゴを入れず、収支はホームページで顧客に公開しています。やまとのレジ袋辞退率は実に八〇％超です。

ペットボトルの回収とリユースペットボトルの利用促進。ペットボトルのキャップの回収。さらに、地元の住民にゴミのリサイクルの場を提供。空き缶や古新聞などの資源ゴミを分別して回収できる設備をやまとの駐車場に設置。運営コストは負担し、資源ゴミの売却益は全額自治会が受け取ります。やまとのエコプロジェクトは進化し続けています。

こうした活動は、マスコミの恰好の話題になります。地元メディアで頻繁に報道され、やまとの知名度・好感度は高まりました。**エコというキャラクターが際立つことで、やまとは地域のインフラとしてなくてはならない存在となった**のです。

COMPANY DATA

株式会社やまと

- 創業：1912年
- 代表：小林 久
- 所在地：所在地：山梨県韮崎市（本店。甲府盆地に16店舗）
- 事業：食品スーパーマーケット
- 年商：55億円（2012年6月期）
- 従業員数：300名（パート、アルバイト含む）
- http://www.j-gate.net/~yamato/

店主が「売りたい本」だけ置く書店

読書のすすめ　代表　清水克衛 氏

東京の東端の江戸川区の、駅から歩いて六〜七分、商店もまばらな二等立地に「読書のすすめ」という変わった名前の小さな書店があります。九五年開業の同店には**世間の売れ筋本は一切置いてありません。あるのは店主の清水さんが売りたい本だけ。**読んで役立つ、感動する、笑う、涙を流し読んだ人を変える力のある本を、清水さんが選んで陳列しています。

平積みにされている本の多くにＰＯＰがついていますが、ダンボールを切り取ったものや、ポスターの裏が使われています。そこに大胆な手書きでお奨めコメントが書かれています。

●申し訳ございません。この本は女性の方にはお売りできませんのでご了承ください。

●この本を読んだ人は家出したくなるそうです。今まで七人。八人目を狙ってみますか。

お客様の話を聞いて役に立ちそうな本をお奨めする

【書店数、書店売場面積、出版物販売高の推移】

書店数：二万八〇〇〇店（九〇年）

↓一万四〇〇〇店（一二年）

書店売場面積：二〇〇万㎡（九〇年）

↓三〇〇万㎡（一〇年）

出版物販売高：二兆六〇〇〇万円（九六年）

↓一兆七〇〇〇万円（一二年）

店舗数は半減し、面積は一・五倍となり、販売高は三分の二。小さな書店は極めて成り立ちにくい構造。

など、実にユニークなコメントが雑だけれど勢いのある筆致で書かれています。こんな二等立地の変わった小さな本屋さんに、全国からお客様が訪れるという。

清水さんは**「どんな本を探していますか？」と、お客様に語りかけます。**暗い顔をして本に救いを求めてくるお客様に、その人に役立ちそうな本を奨めるのみならず、昼はラーメン屋に誘って悩みを聞き、夜は店内で酒盛りに誘って勇気づけてきました。夜な夜な酒盛りが行なわれるようになり、**書店はいつしか〝清水サロン〟というべき場所になっていきます。**

「今の時代は町内のつながりは薄れましたが、同じ感性や問題意識の者同士が、ネットと交通網と宅配便の普及で全国区のコミュニティをつくって助け合う時代です」

清水さん自身も何冊も著書を著し、**〝本のソムリエ〟**と呼ばれる著名人に。清水サロンのメンバーは今や全国に一五〇〇人以上に広がりました。二〇〇三年にはNPO読書普及協会を設立し、酒盛りを継続し、ネット上のコミュニティでも活発な交流が行なわれています。読書普及協会には志を同じくする小型書店の参加も進んでいます。

清水克衛代表

COMPANY DATA

読書のすすめ

- ■創業：1995年
- ■代表：清水克衛
- ■所在地：東京都江戸川区篠崎に1店舗
- ■事業：書店
- ■http://dokusume.com

歴史ファンのコミュニティから生み出される企画

レキシズル（株式会社渡部商店）　社長　渡部　麗　氏

東京・御茶ノ水の路地裏に「渡部商店」というショットバーらしからぬ名前の店があります。このバーは毎週水曜日に「レキシズルバー」となります。歴史好きの人々のためのバーという意味です。**歴史好きで歴史について語り合いたい人が集まります。**ぎゅうぎゅうに詰めて15席の小さなバーに、50〜60人もお客さんが訪れ、道端に溢れます。

経営するのは株式会社渡部商店社長で歴史クリエイターを名乗る渡部《わたなべ》麗《りょう》さん。この日のバーテンを務めるのが歴史プロデューサーを名乗る早川知佐さん。昨今の歴史ブームの仕掛け人といわれる存在です。「レキシズルバー」は二人を核としたコミュニティであり、歴史を楽しむ様々な仕掛けが生み出されるプラットフォームなのです。

音楽活動をしていた渡部さんは一九九九年、音楽レーベル・渡部商店を設立。ショットバーも開業。二〇〇一年、親族が経営する会社から広告代

見知らぬ歴史好き同士で話がはずむ
右は早川知佐さん

【歴女市場】
歴史ファンの二〇〜三〇代の女性を「歴女（れきじょ）」といい、レキシズルはその仕掛け人といわれる。民間調査機関の試算では歴女の関連市場は最大７００億円。

理事業を承継します。渡部さんは歴史雑誌の広告を取り扱うなか、〇五年頃から歴史ファンを増やしていくための企画「レキシズル」を考案。レキシズルとは歴史＋シズル感の意。シズル感とは元々は肉がジュージューと焼けて食欲をそそることですが、衝動を喚起することです。

「歴史は難しく一部のマニアのものというイメージがあり、興味はあっても敷居が高かった。**ハードルを下げて歴史をもっと手軽にポップに楽しめるものにしていきたい**と思ったのです。そうすれば読者も増えますし、広告主たる企業にとっての媒体価値も上がります。何よりも自国の歴史に親しむ人が増えることは、日本を元気にしていく源になるのではないかと企画したのです」

〇八年、レキシズルバーを開業して以来、歴史好きのコミュニティが母体となった様々なイベントやコンテンツが派生してきました。渡部さんはムーブメントを起こそうとして取り組んできましたが、社長の道楽ではありません。広告媒体の取り扱いだけをしていても小さな代理店が生き残っていくことはできないのです。**自社独自の武器をもたなければなりません。**レキシズルは、小さな広告代理店のサバイバル戦略でもありました。

渡部 麗社長

COMPANY DATA
レキシズル（株式会社渡部商店）

■創業：1999 年
■レキシズルバーの開業：2008 年
■代表：渡部 麗　■所在地：東京都千代田区
■事業：飲食店、広告代理店
■営業時間：平日 18 時半～ 23 時半
（土日祝休、レキシズルバーは水曜日のみ）
■http://www.rekisizzle.com/index.html
http://www.nabesho.net/shotbar/index.html

冗談から生まれた「ゴリラの鼻くそ」を動物園のお土産物に

有限会社岡伊三郎商店　社長　岡　和正 氏

動物園の土産品の大ヒット商品「ゴリラの鼻くそ」。もちろん、本物の鼻くそではありません。黒豆の甘納豆です。この珍ネーミングの商品を世に出したのは島根県の老舗の元酒屋、岡伊三郎商店です。

同社は明治時代に菓子問屋として創業。その後、酒小売店に転業。一九八七年に岡さんが四代目として継ぎます。九八年、大手酒ディスカウントストアが近隣に出店。価格攻勢にさらされジリ貧傾向に歯止めがかかりません。岡さんは転業を考えます。同じ頃、岡さんの奥さんの実家は廃業を考えていました。実家は小さな甘納豆製造業です。大手菓子屋の下請けの仕事をしていました。この業界も価格競争が激しいので零細な下請けは儲からず、後継者のなり手がいません。

二〇〇〇年、黒豆ブームが起きます。身体によいとテレビで紹介されたからです。ところが、黒豆の甘納豆は原料が高い割には売値は安い。黒豆

立て看板

【差別化の三拍子】
「ゴリラの鼻くそ」は過激なネーミングだが、小手先のジョーク商品ではない。「美味しい × 身体によい × 面白い」の三拍子が揃っているから、一過性のブームに終わらず、ロングセラーブランドとなった。

を甘納豆にするとしわしわになるからです。見栄えが悪く贈答品に向きません。身体によくて、おいしい、けれど見栄えは悪い。この甘納豆、何とかならないだろうか。

そんなことを考えながら、岡さんは仲間と雑談をしていました。そのとき、仲間は大きくて、黒くて、しわしわの甘納豆を食べながら冗談をいいます。「ゴリラの鼻くそみたいだな」と。それを聞いたとき、岡さんはピ～ンときます。

《甘納豆を「ゴリラの鼻くそ」と呼ぶ。面白いじゃないか。笑いとして成立するギリギリのところでセーフだ。**ギリギリだからこそ過激で面白い**。そうだ、「ゴリラの鼻くそ」という名前のお菓子にすれば動物園の売店にお土産物として取り扱ってもらえるのではないか》

動物園に販路などありはしませんが、岡さんは自社ブランド化し、直接、動物園に営業に行きます。**価格決定権を持った商売でなければ勝ち残れないこと**を身をもって体験しているからです。上野動物園には断られますが、園外の門前土産物屋で採用。「おみやげに最適『ゴリラの鼻くそ』」という立て看板を設置したところ、テレビで紹介されブレイクするのです。

岡 和正社長

COMPANY DATA

有限会社岡伊三郎商店

- ■創業：1909 年（明治 42 年）
- ■設立：1954 年
- ■代表：岡 和正
- ■本社所在地：島根県出雲市
- ■事業：黒豆薄甘納豆「ゴリラの鼻くそ」等製造業
- ■従業員数：5 名
- ■http://hanakuso.jp/

新宿駅最後の個人店
～安くて早くてうまいスローフード～

ベルク（晴山商事株式会社）　社長　井野朋也 氏

毎日平均一五〇〇人ものお客さんが訪れるセルフ式カフェが新宿駅にあります。わずか一五坪、立ち席を入れて四五席ですから三三回転もしています。その店の名はベルク。新宿駅最後の個人店ともいわれています。立地がよいだけでなく、同店は安い、早い、うまいの三拍子がそろっているから繁盛しているのです。

「セルフ式飲食店は、わかりやすくてインパクトのある味のものを提供するものですが、そうすると化学調味料を使うことになります。食材の廃棄ロスを考えると日持ちする食材、すなわち防腐剤や保存料などの食品添加物が入ったものを、となります。しかし、そういった食材はできるだけ使わないようにしています。私たち店員も毎日食べるわけです。自分たちが毎日食べられるもの、毎日食べても飽きないもの、納得して提供できるもの、恥ずかしくないものをお出ししたいのです」

7割を占める常連客の支えが強み

〖世界一の駅・新宿〗
新宿駅の一日の平均乗降者数は三六四万人。ギネスブックに登録されている世界一の駅。

これはスローフードの考え方です。ベルクは**ファストフードのオペレーションでスローフードを提供**しているのです。食材の原価率はフード類五〇％です（飲食業界の標準は三〇％）。だから値段の割に満足感が高いのです。粗利率が低くても客数が多いので粗利額が確保できます。その利益を次なるメニュー開発と、よりよい食材の原価に還元しています。原価率はさらに上がりますが、メニューの実質感はさらに高まります。

こうして増えたメニューは一〇〇種以上。一般にメニューが増えれば、食材の廃棄ロスが増えます。廃棄ロスを恐れて仕入量を減らせば、売り切れという機会ロスとなります。ところが、ベルクは廃棄ロスも機会ロスも少ないという。その秘訣は常連客率です。**常連客が来客の七〇％以上を占めているので予測の精度が高い**のです。

ベルクは大衆の店ですが、どことなくサブカルチャーの雰囲気が漂っています。店内の壁をアートギャラリーとして使っているからでしょう。壁には「ベルク通信」という情報誌も掲示されています。**メニュー紹介を中心としながらも、ときに社会的、文化的なメッセージも発信**されます。個人店ならではのキャラも立っています。

井野朋也社長

COMPANY DATA

ベルク（晴山商事株式会社）

- ■創業：1970年
- ■代表：井野朋也
- ■所在地：ＪＲ新宿駅東口出て左すぐ
- ■事業：飲食店
- ■営業時間：7時～23時、年中無休
- ■年商：2億2000万円
- ■従業員数：社員10名、アルバイト30名
- ■http://www.berg.jp

CHAPTER 6

群れる～サバンナの掟《おきて》～

シマウマはなぜ、ライオンに食べ尽くされないのか。それは群れているからだ。弱い生き物が生き残る方法は群れること。これを「サバンナの掟」という。同盟戦略のこと。

地元商店三三店で葬儀業に挑戦、本業の活性化に成功

あらい商工葬祭協同組合　理事（前理事長）疋田實男氏、理事長　杉田友英氏

八百屋、菓子屋、仕出し弁当屋、ギフトショップなど、町内の様々な商店が共同で葬儀業を始めることにより、それぞれの商店が生き残りを果たしました。場所は浜名湖湖畔の小さな町・新居町《あらい》（市町村合併で現在は静岡県湖西市）。ご多分にもれず、この地でも郊外ショッピングセンターの大型スーパーに需要が奪われ、街の商店は衰退傾向にありました。

そんな危機的状況下の一九九六年、当時、新居商工会の商工部会長を務めていた菓子店主・疋田實男さんが呼びかけて商店主の勉強会を始めます。毎月二回、半年間ほど議論を重ね、**生き残りのために、皆で力を合わせて葬儀業を始めることにしました。**「最初から、葬儀屋を始めるしかないと思っていました」と疋田さんはいいます。

なぜ、葬儀業なのか。葬儀業なら、なぜ皆が生き残ることができるのか。

【旧新居町】
新居は東海道の要衝の宿場町として栄えた。近代となり近隣の浜松、豊橋は工業都市として発展するが、新居は都市化することなく人口が一万七〇〇〇人と停滞。二〇一〇年、湖西市と合併。

失われた売上奪回をめざし、共同で葬儀業を始める

新居町はそもそも、葬儀屋のない町でした。葬儀は隣近所が協力して営んでいたのです。祭壇、斎場などは町が保有していました。これを借りて、葬儀に必要なお供え物、生花、お返し品、通夜振舞い・精進落としの料理や飲み物、香典返しなどは近隣の商店に頼んでいたのです。

ところが、時代の流れで葬儀業者が新居にも進出し、葬儀業者に頼む人が次第に増えていきます。葬儀業者は地元の商店に花や料理を頼まず、近隣都市部の業者に発注します。葬儀業者の進出は、地元の商店の葬儀需要を侵食していきました。郊外ショッピングセンターの大型スーパーに客を奪われたうえに、葬儀需要までも奪われてしまっては地元の商店は成り立ちません。つまり、**葬儀業を始めるとは、失われた売上の奪還作戦**だったのです。

「地元のなかでも地域によって異なる風習や宗派について、我々の経験を持ち寄れば対応できる。そして、我々は葬儀業で儲ける必要はない。葬

杉田友英理事長（左）と疋田實男理事（前理事長）

儀を請け負うことで各商店に仕事が回っていけばよい。だから価格競争力がある。何より、我々は地元から逃げられない。正直に商売をして信頼を得なければ、やっていけない。小なりといえども信用はある。**皆で葬儀業を始め、失われた売上を奪還しよう**」（疋田さん）

こうして商店再建の方向性は打ち出されました。しかし、総論賛成、各論反対は世の常。事業を立ち上げていくには様々な課題があります。これを何十回にも及んだ勉強会で議論して詰めていきました。

同業者同士の班編制でスムーズな運営を実現

一九九七年、新居町の三三（現在は店主の逝去により三〇）の商店が各二〇万円ずつ出資し、あらい商工葬祭協同組合が設立され、疋田さんが初代理事長に就任します。小資本でのスタートです。事務所は当初、新居町商工会の倉庫を借用しました。祭壇、霊柩車、斎場は町保有のものを借りて、通夜・葬儀の準備をします。組合員の当番が喪主との窓口となり、葬儀をプロデュースします。借りられるものは借りる、自分たちでできるこ

〔葬儀市場〕
葬儀市場は一兆七〇〇〇億円。葬儀費用の単価は一六五万円。六五〇〇社の業者が参入している。

とは自分たちでやるのが組合の姿勢です。

現理事長の青果店店主・杉田友英さんはいいます。「葬儀業に対する偏見のようなものはありませんでした。もともと葬儀を自分たちでやる町で生まれ育っていますから、葬儀は身近なもので特別なものではありません。葬儀業のノウハウも専門家に教えてもらいました」

三三店の組合員は業種別に六班に分けられました。八百屋、菓子屋、仕出し弁当屋、ギフトショップ、酒屋、その他（花屋、すし屋、印刷屋など）。当番は喪主と打ち合わせをし、各班の班長に必要なものを連絡します。**各班長は順番や地域性や得意分野によって班のメンバーのなかから担当する店を決めます。**同業者で班にしたことが効果的でした。各店は独立した一国一城の主。仕事の割り振りには神経を使うもの。それを同業者内で調整してもらえば文句も出にくいわけです。

当番は遺族の意向、地域の伝統や風習や宗派にきめ細かく対応した葬儀のやり方を決め、各班長に発注。当番が遺体安置、斎場手配、祭壇設営、隣組への協力依頼、寺社への連絡などを行なっている間、各班内で担当店が決められ、担当店は受注した品揃えをします。葬儀には組合員が駆けつ

祭壇を設営するスタッフ

け、会場準備、受付、交通案内、食事準備、後片づけなどの葬儀全般を取り仕切ります。

大手業者にできないやり方でシェア九五%を実現

組合は広告もせず、営業活動もしませんでしたが、初年度から数十件の葬儀を受注しました。参列者八〇人程度の葬儀で平均受注単価一〇〇万円。大手葬儀業者と比べて圧倒的に低価格です。**葬儀で儲けるのが目的ではなく、各商店に仕事がまわってくることを目的にしているからできる価格**です。また、価格以上に、この土地の葬儀に慣れた世話役が葬儀を仕切ってくれるという手づくり感や安心感が口コミで広がっていったのでしょう。

「初めは不慣れでしたから色々不具合はあったと思いますが、我々が一所懸命やっている姿を見ていただけたのでしょう。町外の業者にやってもらうよりは、地元の商店に頼もうと思われたのではないでしょうか。がんばる地元の商店を助けてやれ、地元にお金を落とそうと」（疋田さん）

次年度には新居町の葬儀の半数を受注し、三年目以降は九五%を占める

〖**落語　長屋の花見**〗
古典落語に「長屋の花見」という演目がある。貧乏な長屋の住民があり合わせのものを持ち寄り、花見に出かける。芸者衆を連れて豪勢な花見をしているグループと張り合って、大暴れする物語。新居町の取り組みを聞き、思い出した。

ようになります。年間で一三〇件から一四〇件受注し、専従者を雇い、手伝いに出た組合員には日当も出せるようになりました。そして、年間一億円以上が三三店の個人商店にまわり、**失われた売上は見事、奪還できたのです。**発足から一〇年以上が経過しましたが、組合店は店主の逝去以外に廃業することもなく生き残っています。

疋田さんはいいます。

「我々は大手葬儀業者にはできないやり方をしたということと、郊外ショッピングセンターの関心が薄い分野に集中したことで生き残りました。いま、ショッピングセンターの強さはピークに達していますが、今後、高齢化が進むと、いずれは地元の商店にお客様は戻ってくるはず。**必要とされるそのときまで、地域のために我々は生き残らなければなりません。それも、一軒だけ生き残っても仕方がない。**皆で生き残るために組んだのです」

シマウマはライオンに襲われると、頭を中央に向けて円陣を組み一斉に後足を蹴り上げ、一致団結して防御するという。弱い生き物がサバンナで生き残る掟です。

COMPANY DATA

あらい商工葬祭協同組合

■創業：1997 年
■代表：杉田友英
■所在地：静岡県湖西市新居町
■事業：葬祭業
■年商：1 億 8000 万円
■組合員数：29 社
■従業員数：6 名

「医療モール」という同盟戦略で伸びる調剤薬局

株式会社アイセイ薬局　会長 岡村幸彦 氏

ショッピングセンターや駅前ビルなどの同じ建物内に診療科目の違う複数の診療所が入居する施設を「医療モール」といいます。便利な場所にある小さな総合病院といえます。耳鼻科に行った後、整形外科でリハビリするなど診療所を〝はしご〟することもできます。近所のかかりつけ医と総合病院のよいところを併せ持つ存在として近年、急増しています。この医療モールのリーディングカンパニーが調剤薬局経営のアイセイ薬局です。

「医療モールは不動産事業者や医療コンサルタントなど、様々な事業者が取り組んでいますが、調剤薬局がプロデュースする方が望ましいといえます。なぜなら、調剤薬局以外は開業させることで収益を上げなければなりませんが、調剤薬局は開業後に各診療所の処方箋による調剤を担うことで収益を上げることができますので、開業そのもので収益を出す必要がな

【調剤薬局市場動向】
国民医療費は三七兆四〇〇〇億円。そのうち、調剤医療費は六兆一〇〇〇億円（二〇一〇年度）。医療費を抑制する必要から医薬分業が進み、分業率六三％となる。調剤薬局数は五万三〇〇〇店とコンビニ以上に。今後はさらなる医療費増加の抑制を受け、淘汰が進む見通し。

いからです。**開業しても患者さんが来なければ薬局も成り立ちません。運命共同体なのです。**近年、大手調剤薬局も力を入れてきていますが、医療モールに関しては質量ともに当社がリーディングカンパニーであると自負しています。何しろ、当社は医療モールが創業の原点なのですから」

弱者の調剤薬局開業術

岡村さんは薬剤師になった後、調剤薬局を将来、開業することをめざしながら、千葉県市川市の行徳駅前のドラッグストアに勤めます。東京ディズニーランドが開業した一九八三年、岡村さん二四歳です。行徳はディズニーランドのそばで、数年前に地下鉄が開業したばかりの新興住宅街。人口が急増していました。患者の需要に医療の供給が追いついていない状況でした。

岡村さんはこのチャンスを活かしたいと考えますが、資金がありません。それに当時の医薬分業率はわずか八%。ほとんどの病院、診療所は院内で医薬品を患者に提供していました。当時、薬局といえば大衆薬（医師

岡村幸彦会長

の処方箋を必要としない薬で、薬剤師は調剤をしない）を扱うドラッグストアです。

岡村さんは研修医をしていた従兄弟に相談。すると将来、開業をめざしていた従兄弟も乗り気になりました。従兄弟は開業資金を集め、岡村さんは医療機関をプロデュースする役割を分担し、一九八四年、耳鼻科、皮膚科（後に内科、小児科も加わる）の診療科を持つ診療所が開業。同時にこの診療所の処方箋を受けるアイセイ薬局も開業します。存在自体がまれで成り立ちにくい調剤薬局を乏しい資金力でいかにして事業化するのか、その答えが診療所の開業プロデュースだったのです。そして、これがいまにいたる医療モールの原点になりました。

それから一〇年が過ぎた九〇年代半ばから医薬分業は進み始めます。資金力のある調剤薬局は総合病院の門前の一等地の争奪戦を繰り広げます。この頃、四店舗で資金力に限界のあるアイセイ薬局は太刀打ち困難です。そこで岡村さんは**異業種企業と共同で多店舗化に取り組むことにします。**九四年から二〇〇三年までの一〇年間に、臨床検査会社と一社、製薬メーカーと一社、それぞれ合弁会社を設立します。資金力と医療機関への人脈

京都市にオープンした医療モール「シンフォニア御池」

があるパートナーと、自社の調剤薬局の運営や診療所開業プロデュースのノウハウで三〇数店舗を開業させました。後にそれぞれ円満に合弁は解消しました。臨床検査会社との会社からは撤退し、製薬メーカーとの会社は自社で買い取り、その後、統合しました。

合弁事業時代の一〇年でアイセイ薬局は実績を積み重ね、経営力と企業体力が強化されました。その後、出店スピードが加速します。ただし、業界大手が最重要視する総合病院の門前薬局への出店は少なく、医療モール型出店と診療所に寄り添う薬局を中心に出店してきました。

医療モールは診療所と薬局の同盟戦略

医療モールは診療所にとっても調剤薬局にとってもきわめて有効なビジネスモデルです。**好立地に複数の診療科が集積することにより患者を集めやすいというメリットが双方にあります。**各診療所は独立した存在ですが、疾患によってはモール内の他の診療所と連携しながら診断や治療が施せますので医療の質が上がります。また、医者は医療の専門家であって経営や

《アイセイ薬局の店舗分類（2013年3月末現在）》

全店舗数	249店	割合
マンツーマン型	164店	65.9%
医療モール型	66店	26.5%
門前型	19店	7.6%

事務運営に長けているわけではありません。そういったサポートを受けることもできます。

薬局にとってもメリットは大きい。マンツーマン型薬局は処方される薬は限られてきますが、モールではその幅が格段に広くなります。薬剤師のやりがいが違います。複数の診療科で同時に薬が処方されるケースも多いので、重複化を避けるべく医師と相談して処方を組み替えたり、一包化（何種もの薬を飲む時間ごとに一袋にまとめる）します。薬剤師の実力が高まる職場ですから、優秀な人材が確保しやすく、育ちやすいのです。

つまり、**医療モールとは各診療所と調剤薬局が相乗効果を上げるための同盟戦略です。そして、医療モールは新たな市場を創造するビジネスモデルです。**

医薬分業率が六三％にまで高まり、既存医療機関にはりつくかたちの調剤薬局の出店に限界が見えてきました。医療モールに大手調剤薬局が力を入れてくるのは必然です。しかし、規模に勝る大手はこれまで、総合病院の門前を主市場として位置づけ、手間のかかる医療モールは後回しにしてきました。一方、アイセイ薬局は体力勝負の門前市場を後回しにし、医療

【三〇〇〇億円企業を目指す】
二〇一一年、年商三〇〇億円で株式公開したとき、今後一〇年で一〇倍の三〇〇〇億円を目指すことを発表。医療費削減の方向のなか、調剤薬局はさらなるローコスト・オペレーションが求められることから、規模の拡大が不可欠と経営判断した。

モールに活路を見出しました。**大手であってもいまから追いつくのは至難のわざのノウハウと実績を積み上げてきたのです。**アイセイ薬局の医療モールには介護施設が併設されているものもあります。進化し続けています。

「調剤薬局を開業したいが処方箋を外に出す医者がいない」「資金がない」「多店舗展開に必要な信用、人脈、人材がない」「総合病院の門前は大手に押さえられている」……岡村さんの事業は困難の連続でした。**これを乗り越えることができたのは同盟したからです。**

もうひとつの原動力は「志」だと思います。医療に携わる企業にはそもそも高い倫理観が求められますが、アイセイ薬局の社是は「〝奉仕の心〟誠実な気持ちで他者を愛する」です。

「社名のアイセイは愛と誠実です。昔、『愛と誠』というマンガに熱中していたからでもあるのですが（笑）。高校時代、所属していた応援団の部訓が〝奉仕の心〟でした。仕事を通じて人のお役に立ち、人を幸せにしたい。との思いから名づけました」

一一年アイセイ薬局はＪＡＳＤＡＱに上場、株式公開企業となりました。

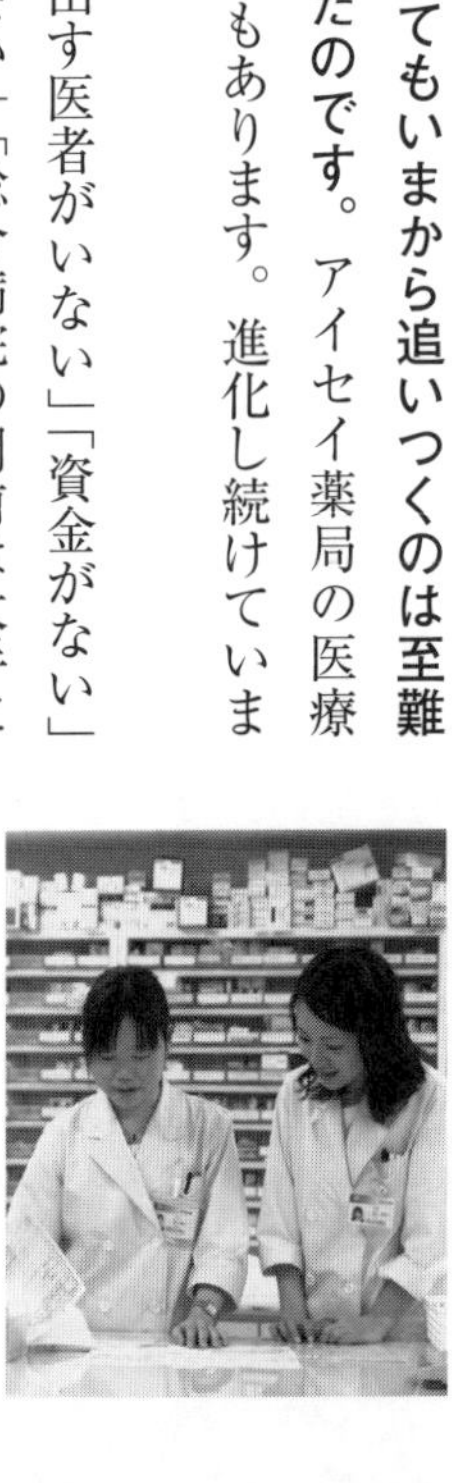

「奉仕のこころ」で支持を広げる

COMPANY DATA
株式会社アイセイ薬局

- ■創業：1984年
- ■代表：岡村幸彦（取締役会長）、垣東勝（代表取締役社長）
- ■事業：調剤薬局、介護福祉事業
- ■本社所在地：東京都千代田区
- ■年商:424億5800万円（2013年3月期見込み）
- ■店舗数：249店舗　■従業員数：1931名
- ■http://www.aisei.co.jp/

人材教育を共同で取り組み、地域一番店となった美容室

ゼルネットワーク事業協同組合　代表　渋井健志 氏

美容室ZELE（ゼル）とは一五社、六七店、美容師七〇〇名（二〇一三年三月現在）が加盟する事業協同組合です。**フランチャイズではなく、自主独立した対等の一四社が共通の店名で事業を営んでいます。**

一九七六年、〈美容師の技術と人間性を磨き、お客様に喜んでいただき、繁盛サロンをつくろう。その結果、美容師の社会的地位を向上させよう〉との志を持った若き美容室経営者たちが集まり、勉強会を始めました。

美容室経営で最も大切なものは美容師です。商品そのものといってよいでしょう。大手美容室が大手であるゆえんは、美容師の教育の仕組みや体制ができているからです。家族経営の小さな美容室が小さいままなのは、教育において大手にかなわないからです。当時、美容室一～三店を経営するに過ぎなかった各社は、このことに問題意識を持ちます。そして一社の力ではとてもできないが、**各社で協力しあえれば大手にも負けないことが**

ZELE AVEDA越谷レイクタウン店

【**美容室市場推移とZELE**】
美容室市場は一九九九年の二兆四〇〇〇億円をピークに減少し始め、二〇一一年には、一兆六〇〇〇億円と三分の二の規模となる。美容室数は二二万軒。ZELEは事業協同組合だが、売上合算すると年商五四億円となり、業界準大手に匹敵する。

できるのではないか、と考えたのです。これがZELEの原点です。

以来、「パリ留学や研修」「新人・スタイリストデビュー前・中堅・店長・経営者の階層別研修」「技術コンクールやクリエイティブ作品づくり」「接遇や人間教育」など、様々な人材教育活動を共同で行なっていきます。

その積み重ねのうえに、美容資材の共通購買、経営情報システムや販促ツールの共有化などグループ化を強めます。九九年、サロン名を「ZELE」に統一し始めます。別会社が同じ店名で美容室を運営しているのです。**加盟各社は一定の地域に集中するドミナント出店をし、地域一番店となっていきます。**この間、各社の世代交代もスムーズに進みました。昨今の美容室経営は新たなショッピングセンター（SC）に出店できるかどうかに左右されます。SCにとっても美容室は重要なテナント。上場しているわけでもないZELEが選ばれるのは、圧倒的な教育による地域一番店だからです。

ZELEにはパルコで月商二〇〇〇万円以上売り上げるサロンや、全国イトーヨーカドー内で五年連続して売上と坪効率日本一のサロンなど、月商一〇〇〇万円超の圧倒的一番店が二〇店舗もあります。

渋井健志代表

COMPANY DATA

ゼルネットワーク事業協同組合

- ■設立：2001年
- ■代表：渋井健志
- ■所在地：東京都渋谷区（東京・埼玉・千葉・山梨・福島・愛知・新潟各県に加盟店あり）
- ■事業：美容業の同業者組合
- ■加盟者：15法人67店舗、スタッフ700名
- ■http://zele-net.com

地場の日雑卸の連合体が小口多頻度配荷で勝ち残る

株式会社サプリコ　会長　秋葉吉秋 氏

日用雑貨や化粧品を取り扱う卸売業者（日雑卸）は大手寡占が進み、弱小の淘汰が進みました。そんな逆風下で地場の日雑卸が全国ネットワークを形成し勝ち残りをかけた取り組みをしています。株式会社サプリコです。二〇〇三年、平均年商一〇億円の地場の日雑卸三七社と元卸《もとおろし》一社の三八社で設立。その後、加盟社を増やし、一三年三月時点で加盟社七七社、取扱高を合計すると二〇〇〇億円の規模となりました。

「サプリコは自主独立した日雑卸の連合体です。加盟社はサプリコの傘下に入るということではなく、自社を存続させるための武器とするために参画します。サプリコ自体は収益を追求せず、加盟社に還元しています。会社数ベースで日雑卸の一九％が加盟し、北海道から沖縄まで空白地域がほとんどありません。取扱高ベースでは日雑卸市場の八％ですが、**全国をカバーしていることの意味は大きいのです**」

独自に展開するプライベート・ブランド商品群

【**日用雑貨の卸市場と企業動向**】

日用雑貨の国内市場規模は二兆五〇〇〇億円で横ばい状況。卸売会社数は一九八九年には一五四〇社から、二〇〇九年には三八〇社へ。この二〇年で四分の三の会社が淘汰された。うち、大手三社で市場の四分の三近くを占める。合併、統合を繰り返し巨大化した。統合の波に乗らなかった地場の小さな日雑卸の廃業が相次ぐ。

加盟社は地場の小さな日雑卸です。その顧客もまたローカルの小さな小売店です。大手卸が流通の大動脈とするなら、サプリコは毛細血管のようなもの。中堅メーカーからすると大動脈だけでは配荷率の確保は困難です。毛細血管チャネルは捨てがたい販路なのです。**サプリコなら一度に全国七〇社以上の卸と商談できる**のですから営業経費を削減できます。

大手小売店なら持てるプライベート・ブランド（ＰＢ）も、小さいと持てません。サプリコは一七〇品目のオリジナル商品（卸のＰＢ）を開発、供給しています。つまり、**サプリコは中小地場日雑卸の連合体であると同時に中堅メーカーや小規模小売店との共存共栄を目指す組織なのです。**

全国区でも大手卸の盲点となっている販路はあります。例えば事業所の消耗品。大企業ともなると全国に二〇〇〇箇所以上の事業所があります。文具や日用雑貨の需要があります。ただし、職域需要ですから一事業所あたり月額数万円です。大手卸が手を出さない分野です。毛細血管のごとく小口の小売店に多頻度の配荷を行ってきたサプリコ加盟社。**小口多頻度配荷という強みが全国区で活かされ、職域需要という新たな販路も見出しました。**

秋葉吉秋会長

COMPANY DATA
株式会社サプリコ

- 創業：2003 年
- 代表：秋葉吉秋
- 所在地：東京都中央区
- 事業：日用雑貨の卸売業の連合組織
- 加盟社数：77 社（2013 年３月現在）
- 加盟社年商合計：約 2000 億円
- http://www.supplico.co.jp/

CHAPTER 7

変わらずに生き残るためには、自ら変わらなければならない

ヴィスコンティの映画「山猫」の名セリフから。企業もまた同じく、変わらなければ生き残れない。

歴史的役割を終えた施設に新たな命を吹き込み再生させる

ハウステンボス株式会社　社長　澤田秀雄 氏

一九九二年、総工費二二〇〇億円をかけて華々しく開業したハウステンボス（以下、ＨＴＢ）。その歴史はまことに厳しいものでした。開業以来、一八期連続赤字、その間に実質的な破綻が二度。バブルの負の遺産、九州最大の不良債権といわれたこのＨＴＢの再建に二〇一〇年四月に取り組み始めた澤田さん。

格安航空券で日本の旅行を一変させ、海外旅行の送客数ではあのＪＴＢを抜き去って日本一となったエイチ・アイ・エス（以下、Ｈ．Ｉ．Ｓ．）を起業した人物です。三五年ぶりに航空業界に新規参入するなど、**経済界の突破者**といわれています。証券、銀行、ホテル、鉄道、バスなどの企業再建にも数多くの実績のある澤田さんも、今度ばかりは苦戦をするのではないかと思いきや、半年で黒字化、大震災のあおりを受けても黒字と見事に

《ハウステンボス　年間来場者数の推移》

年度	来場者（万人）	備考
2009	141	
2010	174	再生初年度
2011	179	大震災の影響
2012	192	

再生を果たしました。

メディアが〝澤田マジック〟と呼んだこの劇的な再生はいかにしてなし得たのか。

「東洋一美しい観光ビジネス都市」へ生まれ変わる

「HTBはオランダの街並みを再現したテーマパークです。街並みは本家オランダよりも美しいものですが、オランダそのものではありませんから、オランダにはかないません。それでも海外旅行に行くことが特別だった時代には、国内でオランダ気分を味わえるという意味がありました。ところが、いまは気軽にオランダに行ける時代です。それこそH.I.S.を利用すれば（笑）。HTBの歴史的役割は終わりつつあると思いました」

澤田さんはHTBの不振を**開業以来のコンセプト「オランダ村テーマパーク」が時代のニーズに合っていないことを見抜きます。**

「では、HTBとは何か。花と緑と水に囲まれたクラシックな美しい街並みです。テーマパークというよりも都市です。これから人々に求められ

澤田秀雄社長

る都市とはいかなるものでしょうか。クラシックな街並み。花畑や水車や森や運河や海といった心癒される景色。エンターテイメントやアミューズメントの驚き、感動といった良質な刺激。それでいてハイテクを駆使した次世代環境都市。**都市機能を充実させていけば『東洋一美しい観光ビジネス都市』になるのではないかという夢が描けた**から、再建をお引き受けしたのです」

もうひとつ、HTBには難がありました。長崎県佐世保市という立地の悪さです。佐世保の商圏は首都圏の二〇分の一です。アクセスは福岡から車で二時間、長崎空港からはバスで一時間。遠いし、便数は少ないし、航空運賃は高い。

「確かに東京からは遠い。でも、佐世保を中心に据えると、上海は東京よりも近い。ソウルは関西と等距離です。**成長著しいアジアを商圏としてとらえられる**のです」

この考えはH.I.S.がHTB再建に取り組む意味をもたらせました。海外旅行総客数で一位になったH.I.S.がいま、力を入れているのがインバウンド（海外から日本へ来る旅行）と、国内旅行です。HTBが観光

『ハウステンボスの歴史①』

一九八三年
前身の長崎オランダ村開業
一九九二年
ハウステンボス開業
一九九六年
来場者数が年間三八〇万人を記録
二〇〇〇年
創業者が退任しメインバンク主導で再建が始まる
二〇〇三年
会社更生法適用申請。翌〇四年から野村証券系ベンチャーキャピタルの再建が始まる
二〇〇九年
ベンチャーキャピタルが撤退を表明。開業以来一八期赤字

ビジネス都市として再生すればＨ．Ｉ．Ｓ．のキラーコンテンツとなるのです。

凡事徹底は差別化戦略

二〇一〇年四月、澤田さんは社長として着任すると、まず社員を集めて「志」と「夢」を次のように語りました。

《皆さんは何のためにＨＴＢで働いてきたのか。それはお客様を喜ばせたい、感動させたいといった志があるからでしょう。私は観光ビジネス都市という夢が描けたから再建をお引き受けした。皆さんにも夢があるでしょう。皆さんの夢と私の夢を併せて、この素晴らしいＨＴＢを再生させましょう！　その第一歩として黒字にしよう。》

続いて、黒字化のための基本方針を三つ示します。第一に掃除をしよう、第二に明るく元気に仕事をしよう、第三に経費を二割下げて売上を二割増やそう、です。**澤田さんはＨＴＢのコンセプトと商圏の本質を大局的にとらえ、ディズニーランドなどの既存のテーマパークと差別化します。**その

『**ハウステンボスの歴史②**』
二〇一〇年三月
Ｈ．Ｉ．Ｓ．を中心に九州財界が協力して再生する体制に。澤田秀雄社長就任
二〇一〇年九月
最終損益段階で黒字決算
二〇一一年九月
営業損益を含め黒字決算

ことを社員には志と夢で示し、三つの方針で原則化したのです。

第一、第二の方針はテーマパークとしては、ごく当り前のことです。スタッフは以前からそのようにしてきました。ただ、外部から来た澤田さんには不充分に映ったのです。**凡事も徹底して継続してやり抜くと圧倒的な絶対的な差となります。**

第三の「経費を二割下げて売上を二割増やす」は言葉は単純ですが実現は簡単ではありません。澤田さんは社長就任前に実質借金ゼロで取り組める体制にします。次に敷地面積の三分の一をフリーゾーンにします。有料ゾーンを三分の二に絞り、テナントをそこに集約。維持管理コストを大幅に削減しながら賑わい感を取り戻します。さらに仕入原価をゼロベースで見直しコストダウン。マネジメントの単位を職能性からエリア制にすることや、仕事のスピードを二割速くするなどの生産性向上を図ります。

売上は客数と客単価で決まります。客単価は滞在時間に比例します。入場料を三二〇〇円から二五〇〇円に下げることで来場客を増やし、**魅力あるイベントを次々と繰り出すことで滞在時間を伸ばす取り組みをしました。**

施設内の景色

「それは旬の企画、ここでしかやっていない企画、日本一・世界一の企画です。旬といえばＡＫＢ48のコンサートや、いま一番人気のあるアニメ『ＯＮＥ ＰＩＥＣＥ』に登場する船のクルーズなど。ここでしかないのは一〇〇万本のバラや日本初公開の作品が三六品も展示されたゴッホ展、ガーデニング世界大会などです。冬場のイルミネーションは以前から行なっていますが、まずは日本一にしようと一〇年に七〇〇万球の電球を使用しました。一二年には一〇〇〇万球と世界最大級の規模となりました。大手検索サイトの夜景ランキングで三年連続で全国一位に選ばれました」

ＨＴＢにはメリーゴーランド（回転木馬）があります。施設自体はどこの遊園地にもあるものと変わりません。ただＨＴＢの回転木馬の運行管理をするスタッフは、かぶりものをして木馬が回っている間、ずっと木馬にまたがる子供たちに手を振ったり、ひょうきんなダンスをします。一日中です。子供たちの笑顔のために一日中、踊っているのです。

聞けば、誰に命じられたものでもないという。**澤田さんの「志」と「夢」を共有し、基本方針の一つ「明るく、元気に」を、自分の立場で取り組もうとしたときに、彼は踊り出したのです。**ＨＴＢ再建の象徴だと感じました。

COMPANY DATA

ハウステンボス株式会社

- ■開業：1992年　■代表：澤田秀雄
- ■所在地：長崎県佐世保市
- ■年商：152億円
- ■年間入場者数：191万8000人
- ■経常損益：34億1200万円
- ■従業員数：1082名

※数値はいずれも2012年9月末時点

- ■http://www.huistenbosch.co.jp

人気を博したサウザンド・サニー号クルーズ
©尾田栄一郎／集英社・フジテレビ・東映アニメーション

運輸業からサービス業に変わることでNo.1となったタクシー会社

中央タクシー株式会社　会長　宇都宮恒久 氏

需要が減るなか、供給過剰のタクシー業界にあって、長野県下でNo.1の売上を誇り、生産性も全国トップ水準の会社があります。中央タクシーです。同社が**好業績なのは売上の九割近くが電話予約だから**です。駅で客待ちすることは一切ありません。流しで走っていても、すぐに無線で配車されるので空車表示で走ることも少ないのです。なぜ、中央タクシーは顧客の圧倒的な支持が得られるのか。

事前に予約をして、長野駅に一台配車してもらいました。乗務員さんは車から降りて待機しています。ドアを自動ではなく手動で開閉し、乗客である筆者を迎え入れます。乗り込むと、まず乗務員さんが名乗ります。

「中央タクシーの○○です。よろしくお願いします。行き先は私どもの本社ですね。本来なら、ここでお客様と道順確認をいたしますが、東京か

【**タクシー市場動向**】
タクシー市場は一兆七〇〇〇億円（二〇一〇年）、ピークの九一年の六割の規模に縮小。

らのお客様なので、道順はおまかせいただけますか」

まことに親切、丁寧な対応です。走ること二〇分、山の谷間にある同社に着きました。乗務員さんはサッと降り、今度も手動でドアを開けます。小雨がパラついていたので、傘をさしてもらえました。これらのサービスは、筆者が会長に会いに来るからの特別なものではなく、基本動作として徹底されているものです。

「タクシー会社はサービス業であるべきと考え、お客様本位の理想のタクシー会社をつくろうと創業しました。何とかサービス業といえるレベルになるのに、二〇年かかりました」と宇都宮さん。

業界の過去の路線と差別化し、サービス業を目指す

宇都宮さんは古き悪しき業界体質と決別し、お客様に喜ばれ、乗務員も働きがいと誇りを持って仕事ができる理想のタクシー会社をめざして独立します。一九七五年、宇都宮さん二八歳のときです。

「タクシー一〇台からのスタートです。理想は掲げたものの、乗務員は

宇都宮恒久会長

業界を渡り歩いてきた猛者たち。サービス精神なんてありません。しかも、全員、当時の私より年配者。いうことなんて聞きやしません。そんなとき、ＭＫタクシーの存在を知りました。ドアの開閉サービスなど接客に力を入れ急成長している、と。私がやりたかったことをやっておられる方だと感じた私は、すぐに京都へ向かい、青木定雄社長（当時）を訪ねました。以来、私は青木さんを師と仰ぎ、毎月のように京都に通いました。青木さんは、何でも教えてくださいました。資料も全部見せてくださいました。ですが、それを持って帰っても、実践できないのです」

朝礼、研修、制度改革、色んなことに取り組んできましたが、なかなか効果は現われません。未経験者のみを採用することにしますが、ドアの開閉、自己紹介、傘サービスの基本動作も新人研修時にはやっても、やがてやらなくなってしまう。

しかし、**根気よく続けていくうちに、お客様の反応が変わってきました。**感謝の言葉をかけられたり、電話や手紙でお礼がくるようになります。すると、やりがいを感じる乗務員も増えてきます。

「第一の教育者はお客様です。お客様の反応ほど乗務員の心を高鳴らす

《サービス・プロフィット・チェーン》

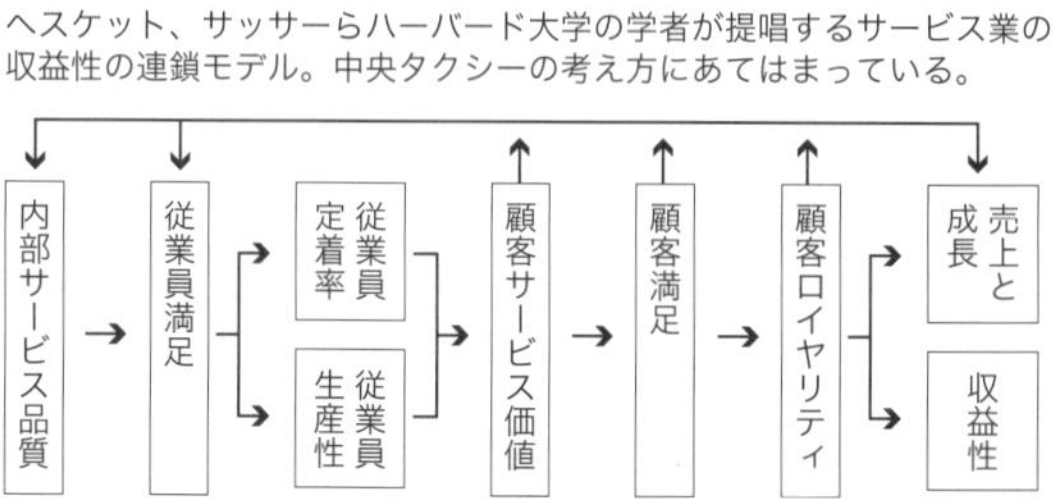

ヘスケット、サッサーらハーバード大学の学者が提唱するサービス業の収益性の連鎖モデル。中央タクシーの考え方にあてはまっている。

ものはありません。第二の教育者は職場の先輩です。社長や上司がいうのとは浸透力が違います。サービスの質が高まるにつれ、電話注文してくださるリピートの**お客様が増え、給料も上がる。職場の人間関係もよくなり、社風がよくなる。善の循環が回り始めます。**二〇年かかりましたが、県下Ｎｏ．１になりました」

理念に照らし合わせて、売上二倍の好機を断わる

九八年、長野五輪が開催されます。世界中から集まった報道関係者は、取材の足が必要です。五輪期間中、借り上げの話が次々と決まり、気がつくと当時の全車両が貸し切られることになりました。

「そのとき、ある乗務員がいうのです。毎日のようにタクシーで病院へ通っている、あのおばあちゃんはどうなるのか、と。『お客様が先、利益は後』との経営理念を毎日、唱えてきた私が、うかつなことにお客様のことを後回しにしようとしていたのです。すぐに乗務員を集めて聞きました。貸し切りに応じれば通常の二倍の売上が見込まれ、その月の給料はず

【宇都宮さんの仕事観】
『職業に尊賤はない。されど働き方によっては賤しくもなり尊くもなる。自らの仕事をより高めていくのがプロである』

いぶん増えることになるが、貸し切りをお断わりして通常営業してもよいか、と。皆が賛成してくれました。そこで、どうしても断わりきれない一部を除いて、他社に貸し切りの話を引き受けてもらいました。

結果として、「五輪期間の九八年二月の売上は、県下六位に転落しました」が、翌月から以前にもまして中央タクシーの売上・生産性は高まります。何しろ、五輪期間中に通常営業していたのは中央タクシーだけです。**他社の常連客だった人も、そのサービス品質の違いを体験すれば、以降は中央タクシーを選ぶ**ことになります。

また、ホテルや飲食店も五輪期間中は中央タクシーを呼ぶしかありませんでした。大勢の観戦客を一手に引き受けてくれた中央タクシーへの信頼は高まりました。顧客にタクシーを呼ぶよう依頼されると、真っ先に中央タクシーに連絡するようになったのです。五輪が終われば、中央タクシーのＮｏ．１をさらに強化することとなりました。

空港乗合ジャンボタクシーに活路を見出す

成田空港まで走るジャンボタクシー

『空港乗合ジャンボタクシーの料金』
長野市内の自宅↔成田空港
九九〇〇円
長野市内の自宅↔羽田空港
八七〇〇円
いずれも大人一名片道料金。

しかし、長野は五輪特需以降、経済が激しく落ち込みます。タクシー需要も全国平均以上に減少します。ダントツでもこのままではじり貧です。

「師匠のＭＫさんが、空港へ乗合ジャンボタクシーを運行して新たな収益源となっていることを知っていましたので、当社も松本空港への運行を検討しましたが、いかんせん、規模が小さい。**諦めかけていたのですが、成田空港なら成り立つのではないか**と、ふと思ったのです。どのくらいの需要があるのか、確信は持てなかったのですが、九九年に始めました。半年間は赤字が続きましたが、七か月目で黒字化しました」

その後、羽田便、中部国際空港便、ディズニーランド便を開始。〇六年には新潟↔成田便と路線を拡大します。中央タクシーの成功を知り、ライバルも追随してきます。しかし、間もなく撤退しました。

「乗務員は、四時間も同乗します。サービスが悪ければ、お客様はたまったものではありません。**この事業は、サービス品質が高くなければ成り立たないのです**」

いまでは、売上の三分の二が空港便です。需要の落ち込みをカバーして余りあります。

COMPANY DATA
中央タクシー株式会社

- ■設立：1975年
- ■代表：宇都宮恒久（代表取締役会長）、宇都宮司（代表取締役社長）
- ■所在地：長野市（本社）、新潟・群馬（営業所）
- ■事業：タクシー・空港送迎・旅行業
- ■年商：14億5000万円
- ■従業員数：210名
- ■http://www.chuotaxi.co.jp

売り先、売り物、売り方を変え、ファッションブランドになった伝統工芸品

株式会社印傳屋上原勇七　社長 上原重樹 氏、専務 上原伊三男 氏

印傳屋《いんでんや》上原勇七《うえはらゆうしち》は、天正十年に甲州で創業しました。創業四三〇年の超長寿企業です。印傳とは鹿革製品のことで、古代インドからシルクロードを経て我が国に伝わったことから名づけられたと伝わります。鹿革は軽くて丈夫、しかも柔らかな感触が人肌に最も近いということで、古くから人々に愛され諸国でつくられてきました。甲州の上原勇七が鹿革に漆《うるし》で装飾を施す独自の技法を創案しました。これが「甲州印傳」です。

戦国時代のことです。武具・甲冑《かっちゅう》用として創業しましたが、江戸時代に入ると平和が訪れます。印傳屋は町人の巾着、財布、たばこ入れなど袋物製品を主力とするようになります。いわば**軍需から民需に切り替え**です。本店の他、甲州商人が諸国を行商し、売り歩きます。

近代になると和装が洋装に変わり、和装用の袋物はジリ貧です。現会長の一三代目は一九六〇年代の**国内旅行ブームをとらえます**。財布、小銭入

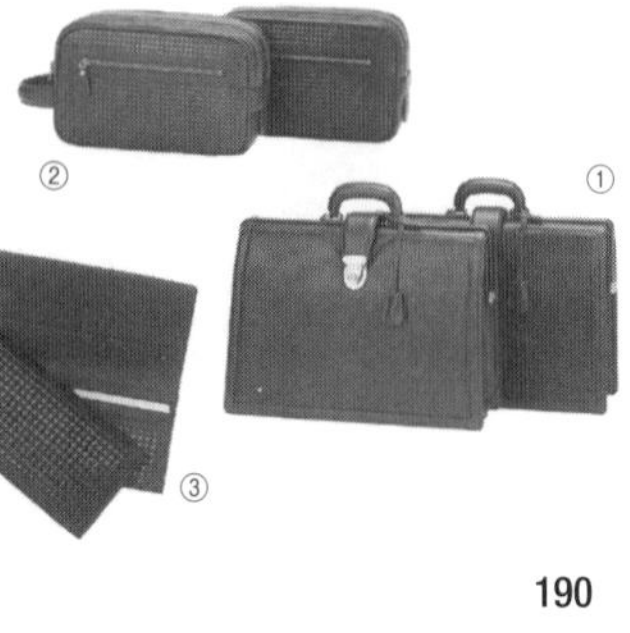

鹿革に漆の風合いが美しい、印傳のメンズブランド「Hayato〈隼人〉」シリーズ。①ダレスバッグ、②セカンドバッグ、③束入れ。この他にも各種バッグ・小物が揃う。

【**日本は長寿企業大国**】
創業二〇〇年を超える企業は世界に五五八六社あるが、このうち半数以上の三一四六社が日本に集中（韓国銀行二〇〇八年調べ）。

れ、印鑑入れなどを温泉旅館のお土産物として供給していきました。しかし、七〇年代に入ると国内旅行ブームは下火に。今度は都心の百貨店や専門店を開拓。高級和装小物として売っていきます。**大衆的であった印傳を伝統工芸品として生まれ変わらせます。**

八一年、ファッションの最先端の東京・青山に直営のブティックをオープン。鹿革に漆で装飾されたバッグや財布類に、オシャレに敏感な人々は鋭く反応。美しいだけでなく実用的で丈夫。日本的だけどモダン。との評価で印傳を普段の洋装に取り入れていきます。九〇年には大阪の心斎橋にも出店。甲府本店との三直営店体制となります。

都会の顧客と接するうちに、伝統的な柄に加えて**洋装に合うデザインの品揃えの必要性**を感じ、新規デザインのラインナップを強化。**男性向けのシリーズも開発**し、アイテムも拡大。印傳屋は我が国を代表する革製品のファッションブランドとなりました。

印傳屋は創業者の技法を守りながら、**時代の変化をとらえて、売り先、売り物、売り方を変えてきました。**この積み重ねが四三〇年もの超長寿を実現したのです。

上原重樹社長（左）と上原伊三男専務（右）

COMPANY DATA

株式会社印傳屋上原勇七

■創業：1582年（天正10年）
■代表：上原勇七（代表取締役会長）、上原重樹（代表取締役社長）
■事業：皮革製品の製造販売業
■取扱店：本店（甲府市）、青山店、心斎橋店、名古屋御園《みその》店、並びに全国有名百貨店・専門店
■従業員数：89名
■http://www.inden-ya.co.jp/

産業廃棄物のイメージを変えて、地域に貢献する環境先進企業へ

石坂産業株式会社　社長　畝本典子 氏

石坂産業は一九六七年、石坂好男現会長（社長の実父）が土木・解体業として創業。八七年から建設系産業廃棄物の中間処理業を始めます。社業は順調に成長します。しかし、九九年、所沢ダイオキシン騒動が起こります。人気ニュース番組が所沢の葉物野菜から高濃度のダイオキシンが検出されたと報道。これは誤報でした。が、農家は風評被害を受け、石坂産業など同地の処理場は住民の反対運動にさらされます。

かつて、廃棄物の多くは焼却され、燃えカスと燃えないものは埋め立てられていました。焼却時に発生する煙に有害物質が含まれるのではないかということから、騒動は起きたのです。誤報でしたが、住民感情的には好ましからざる施設であるイメージが根強い。地域住民の理解がなければ事業の存続が困難です。この騒動を機に、若い女性の畝本さんが社長に就任し、**焼却をせず、汚水も出さず、廃棄物を再資源化することを決断します。**

地域の子供たちに自然体験や環境意識の学びの場を提供

【**産業廃棄物**】廃棄物の処理は二段階に分かれる。廃棄物を縮減する中間処理と、埋める最終処理。また廃棄物の処理は種類別の許可制で、石坂産業は建設系廃棄物の中間処理事業者。

建築廃材を分別したうえで、さらに大きさ、重さ、比重などで細かく分ける技術を極めることでリサイクル率を向上させます。その結果、木廃材は製紙用、ボード用、燃料用などのチップに。コンクリート廃材は道路やコンクリートになる砕石《さいせき》や砂に。廃プラスチックはRPFという固形燃料に。このように石坂産業は処理をする**建設廃材の実に九五％をリサイクルできるようになりました**。

「地域住民の皆さんにもお取引先にも、私たちの仕事や取り組みや施設・設備を見ていただきたいと思い、高い塀《へい》を取り払い、緑の里山を緩衝地帯にしました。処理場を**地域から隔離する・隠すのではなく、オープンにして**『見える化』しました」

敷地面積一五万㎡の八七％を雑木林として整備し、ホタルが舞う水辺、カブトムシが住む林、天然のヤマユリが咲く草むらなどを人の手をかけながら保全。工場とともに地域住民に公開しました。さながら〝里山テーマパーク〟です。いまでは周辺の地主が石坂産業に雑木林の管理を委託するようになりました。かつて環境破壊の元凶のように叩かれた同社が**環境先進企業として地域に支持されるようになった**のです。

畝本典子社長

COMPANY DATA

石坂産業株式会社

■創業：1967年
■代表：石坂好男（代表取締役会長）、畝本典子（取締役社長）
■所在地：埼玉県入間郡三芳町
■事業：産業廃棄物中間処理業
■年商：37億5000万円（2011年度）
■従業員数：120名（グループ会社含む）
■http://ishizaka-group.co.jp/

創業二〇〇年、挑戦し続ける和菓子屋

株式会社船橋屋　社長　渡辺雅司 氏

江戸を代表する和菓子「くず餅」といえば「船橋屋」です。伝統的な製法を守り、創業二〇〇年を超える老舗企業です。関東の「くず餅」は葛《くず》ではありません。小麦のでんぷんを一五か月もかけて発酵させたものを蒸した餅です。これにきな粉と黒蜜をかけて食します。賞味期限はわずか二日。一人前四二〇円。亀戸天神門前の名物です。

そんな誰も真似できないビジネスモデルの事業を行う船橋屋ですが、一九九三年、三〇歳で後継者として入社した八代目の渡辺さんはカルチャーショックを受けたといいます。製造現場は徒弟制度の色合いが濃い。ブランド力もあり集客力のある立地のせいか、販売現場に考えて売ろうという姿勢が乏しい。ビジネスモデルが優れているがゆえに、組織に活力がなくても収益があがってしまう。贅沢な悩みといえばそれまでですが、渡辺さんは、**今後五〇年、一〇〇年を考えると改革の必要性を感じます。**

お召しくず餅

【船橋屋の家訓】
「売るよりつくれ」
また「正直」「浮利を追うな」などの創業者の言葉も残っている

渡辺さんは既存の組織のタテ軸とは別に、**職位や勤続年数に関係なく、自らの意思で主体的に考え行動するヨコ軸のプロジェクトチームを編成**し、業界初となる品質管理の国際規格ＩＳＯ９００１や高度衛生管理システムの導入に取り組みます。社内活性化にも取り組み、行動に焦点を当てた成果にむくいる人事制度を導入し、新卒の定期採用も始めました。

仕組みづくりの前に人づくり。心が込もるから美味しいお菓子ができる。気持ちよく仕事をしてもらうことが大切。**ＣＳ（顧客満足）を高めるにはＥＳ（従業員満足）を高める。**こうして、船橋屋は老舗ですが、自由闊達な社風に生まれ変わったのです。二〇〇六年以降に有名菓子店や料亭などの食品偽装事件が相次ぎますが、船橋屋は、すでに仕組みが完成し運用しているのですから、何ら心配はありません。

くず餅の消費期限はわずかに二日。つくり過ぎては廃棄ロスが発生。つくり控えると販売機会を損失します。品質・時間・売上・コストの管理次第で大きく収益性が変わります。このこともプロジェクトで取り組み、廃棄率はわずかに二％。渡辺さんの先見の明は社員の誰もが認めるところとなり、〇八年には社長に就任。正式に八代目となりました。

渡辺雅司社長

COMPANY DATA

株式会社船橋屋

■創業：1805年（文化２年）　■設立：1952年
■代表：渡辺雅司
■所在地：東京都江東区（百貨店などへの直営売店と直営路面店を首都圏に20店展開）
■事業：くず餅・あんみつ等の製造販売、和スイーツ等創作カフェ
■年商：15億円（2012年３月期）
■従業員数：180名（パート・アルバイト含む）
■http://www.funabashiya.co.jp/

CHAPTER 8

伝道師経営

自社はいかなる価値を提供する会社なのか。誰の、どのような幸せや繁栄に貢献するのか。このことを顧客はもちろん、従業員、取引先、そして社会に普及・啓蒙、すなわち伝道していかなければならない。

自らをレジャー産業と定義することで、巨象に勝ったオートバイメーカー

ハーレーダビッドソン ジャパン 元社長／アンクル・アウル コンサルティング 代表 奥井俊史 氏

我が国は世界に冠たるオートバイ大国です。世界には年間五〇〇〇万台のオートバイ市場がありますが、このうち半数をホンダ、ヤマハ、スズキ、カワサキの四メーカーが供給しています。ホンダは世界最大のメーカーなのです。

そんななか、九一年時点でわずかに二七〇〇台（うち、正規輸入は一〇〇〇台程度）だったハーレーの販売台数は以降、毎年伸び続け、〇八年には一万五七〇〇万台と六倍近くにも成長しました。**市場の縮小と逆相関に拡大したのです。**七五一CC以上における市場シェアは三六%、実に三台に一台がハーレーなのです。しかも、ハーレーの平均単価は二〇〇万円弱。国産同クラスの平均単価の二倍以上です。アリが巨象を倒したような大逆転はなぜ、起きたのか。

〖国内オートバイ市場動向〗
国内オートバイ市場は一九八二年の三二九万台（年間販売台数）をピークに減り続け、二〇一二年は四四万台に。ピーク時の七分の一以下。

販売店とディーラー契約を結び　販売網を再構築

トヨタで輸出の仕事に携わっていた奥井さんは九〇年、ハーレーダビッドソン ジャパン（ＨＤＪ）に入社し、翌年には社長に就任。以来〇九年まで一八年間、トップを務めました（現在は退任し、コンサルティング会社を経営）。

「社長就任当時、日本で販売されていたハーレーの六割は並行輸入であり、ＨＤＪの正規輸入はわずかに一〇〇〇台強だったと記憶しています。その正規輸入車も、販売店が他の販売店に再販売していたのでＨＤＪは誰がハーレーのオーナーなのか、末端価格がいくらなのか、といった経営上の基本情報を把握できていませんでした。そんな状況ですから、バイクのメンテナンスまで手が回っていません。パーツがないのがハーレー、壊れるのがハーレーと揶揄《やゆ》され、ブランドは地に落ちていたのです」

世界最長の歴史を誇り米国のシンボルともいわれるハーレーも、この時点の日本では朽ちかけたブランドだったのです。また、当時の大型オート

奥井俊史代表

バイには、うるさい、あぶない、暴走族という負のイメージもありました。「小であることを自覚し、ないものねだりをせず、やれることからやっていこうと、社内と販売店の組織づくりから始めました」

当時のＨＤＪは三五社の販売店があり、直販の他、他の販売店への再販売をしていました。再販売先は二〇〇社ありましたが、この末端の実態がほとんどつかめていなかったのです。そこで**年間六台以上を販売している先とディーラー契約を交わし、バイクのメンテナンスをしっかりやってもらうように体制を整えていきました。**

ディーラーはこの制度を導入した結果、六五社まで増加しました。一次店、二次店の別はありますが、管理はＨＤＪが直接行ない、「ノーコントロールセールスゼロ（ＨＤＪがエンドユーザーを把握していないハーレーが、日本に存在しない状況にすること）」をスローガンにディーラー網を構築しました。朽ちかけていたとはいえ、そこはハーレーです。メンテナンスがしっかりしていくにつれて、販売台数は順調に伸びていきます。

〖情報システムでつながるメーカーとディーラー〗
ディーラーとＨＤＪには資本関係はないが、見込客も含めた顧客管理システム（ＣＲＭ）や営業活動管理システム（ＳＦＡ）でつながっており、財務情報までも公開し合っている。販売ノルマはないが、定められた活動を行なわないディーラーには、ＨＤＪが厳しく指導する。

ハーレーのある暮らしを提供するレジャー産業

ただし、マニア層だけを顧客対象にしていては販売数量に限界があります。単価はホンダやヤマハの二倍以上。オートバイを「モノ」として売る限りは太刀打ちできません。奥井さんは**ハーレーとは何か、人は何を求めてハーレーに乗るのか、といったＨＤＪのビジネスの核となる部分を追求していきました。**

「ハーレーで出前をするそば屋はいません。もちろん郵便配達もしません。ハーレーは輸送手段として乗るものではありません。ハーレーは休みの日に楽しみで乗るものです。快適なツーリングを楽しみたい。カスタマイズして自分だけのオリジナルのハーレーにしたい。ハーレー仲間と楽しみたい。つまり、ハーレーは『モノ』ではなく『コト』を売っているのです。我々は**オートバイメーカーというよりも、ハーレーのあるライフスタイルを売る、レジャー産業なのではないか**、との思いにいたったのです」

これは、ハーレーダビッドソンの米国本社のミッションステートメントに高らかに謳《うた》われていることです。〝(前略) ハーレーというオートバイのある生活、モーターサイクルライフというお客様の夢をかなえていく〟と。

【**奥井さんの語録**】
『弱者が生き残り、子孫を繁栄させる大切な方法は群れること』
メーカーとディーラーの連携を重視する考え。

この理念と戦略を橋渡しをし、ビジネスモデルを決定づけるのが「事業の定義」です。

〝モノを価格で売るのではなくコトを価値で売る〟、いわゆるライフスタイル・マーケティングが始まります。**顧客に楽しく愉快な「体験」をしてもらう「場」づくりを行っていきました。**

体験の第一の場は、「イベント」です。現在、HDJおよびそのディーラーは大小併せて年間一〇〇〇回ものイベントを実施しています。富士スピードウェイで行なわれる「富士ブルースカイヘブン」には毎年二万人以上、長崎市との共催で行なわれる「長崎ハーレーフェスティバル」には四万人が訪れます。また、試乗会、商談会からスタートした中規模のイベントは、現在も全国一三大都市で開催しています。

これらをHDJとディーラーは、自前で企画運営しています。什器・備品にいたるまでオリジナルを用意し、ハーレーの世界観を演出するHDJは、「イベント会社」といってもよいでしょう。顧客であるオーナーの満足度を高めるイベントは、見込客を集める場でもあります。**オーナーが楽しんでいる姿を見せることは、何よりの販促効果を生み出す**のです。

ハーレーダビッドソン松戸店

そして、体験の第二の場は、「ハーレーショップ」です。ディーラーの店頭は、まるでブティックのようです。バイクだけでなく、カスタマイズするパーツはもちろん、ウェアやアクセサリー小物も取り揃えられています。うわべだけでなく、ショップ全体に「整理、整頓、清潔」の３Ｓの魂が込められていて、**「見せる、魅せる、満せる」の３Ｍによるおもてなしを行なう、小売販売のエンターテイメント化をめざしています。**販売店はハーレーのオーナーズクラブの地域支部事務局であり、コミュニティの中核をなしているのです。

ちなみに、ＨＤＪではディーラー登録の条件に「後継者を指名していること」を挙げています。「ディーラーの後継者である息子さんが彼女を連れてきてカッコいいと思ってもらえる店づくりをめざそうといっています」

ブランド体験の場を魅力的にすることで、ディーラーは持続的に繁栄する、という意味です。こうして一三〇社のディーラーをファミリーとして育て上げ、二〇〇〇年以降、ＨＤＪは国内の七五一ＣＣ以上市場でＮｏ．１であり続けているのです。

COMPANY DATA
アンクル・アウル コンサルティング

- ■創業：2009年
- ■代表：奥井俊史
- ■所在地：千葉県浦安市
- ■事業：経営コンサルティング業
- ■http://uncle-owl.jp/

「幸せが連鎖する」ビジネスモデルを構築した不動産管理会社

大里綜合管理株式会社　社長　野老真理子 氏

【学童保育はリクルート活動!?】
大里綜合管理で預かった子供のなかから、大人になって社員となる人もいる。

海あり山ありの別荘地が広がる九十九里浜の中央部にあたる千葉県大網白里市。この地の不動産管理会社・大里綜合管理は年商五億円と決して大きくはありませんが、元気印の経営を行なっています。

まるで公民館のようなオフィス

オフィスは木質感あふれる大きな戸建住宅を改装した風情です。一階は高い吹き抜けと広い窓。観葉植物にグランドピアノ。オフィスというよりもリゾートホテルのエントランスのような空間です。**社員の執務場所と来客の応接場所の境目がほとんどありません。**机も椅子も木製のもので社員用、来客用の区別がありません。

社員の席は決まっておらず、書類も事務用品も机の上に置きっぱなしにしませんので、簡単に片づけられます。昼休みや夕方になるとコンサート会場に早変わりします。一〇〇人程度は収容でき、地元の演奏家に交じって社員がコーラスを唄うこともあるのだとか。

隅には地元の方の手づくりグルメの販売コーナーがあり、隣室には手づくり工芸品の販売コーナーがあります。なかで編み物をするご婦人が数人います。二階ではいまフラダンス教室とコミュニケーション技術の講座が開催中。今日は社長の野老真理子さんが講座の講師を務めているという。

野老《ところ》さんが講座をしている部屋は昼休みの間はレストランに早変わり。地元の料理自慢が日替わりでシェフを務めます。ランチタイムが終わると、この部屋は学童保育施設になります。社員の子供だけでなく近所の子供も預かります。誰かが子供を見守ってはいますが、基本的に管理はしていません。上級生がリーダーとなって自主運営する形で、夕方にはここは再び講座の教室になるのです。

書けば書くほど、ここが不動産会社とは思えなくなります。**会社のなかに公民館があるというよりも、公民館のなかに会社があるような不思議な**

野老真理子社長

空間です。

大里綜合管理は野老さんの母が七五年に創業しました。

「私の家は五人兄妹で、母が生計を支えていました。不動産会社で別荘地を販売する歩合の営業をしていたのですが、その会社が倒産。販売していた物件に近い大網白里に移転して不動産業を開業したのです。しかし、開業したばかりの小さな不動産屋に多くの仕事はありません。そこで母が目をつけたのが別荘地の管理業務でした」

老後のためや、投資として土地取得する人も多いものです。不在地主の土地は草ボウボウとなります。ゴミが不法投棄され地域が荒廃します。土地を保有する人には〝持つ責任〟というものがありますが、東京など現地と離れた場所に暮らす不在地主が草刈のために訪問するのは億劫。そこで野老さんのお母さんは**不在地主から草刈をする仕事を請け負うことを思いつきます。**いまでは別荘地ではどこでもやっている仕事ですが、野老さんのお母さんがその先駆けとなったのです。

「年に四回巡回パトロールをして、うち春と秋の二回は草刈をします。草刈後に写真を撮ってお送りしています。それで年間一万五〇〇〇円の管

『首都圏の不動産市場動向』
東京では二〇〇六年〜〇八年、不動産ミニバブルが起きる。ピーク時は〇五年の三割程度地価が上昇。一一年以降、〇五年の水準に戻っている。

理料金です。三〇年以上続けて現在、八五〇〇区画をお預かりしています。不動産売買仲介・賃貸仲介、建築・リフォーム、土地の造成・工事なども行なっていますが、当社の事業基盤はあくまでも草刈などの土地管理なのです。社名に『管理』とつくのは、そういう意味です。

私が正式に社員になった八五年の管理件数は五〇〇区画程度でした。それが六五〇〇区画にまで増えた九三年に社長を引き継ぎました。社長となった私は、自分自身も含めて社員教育に力を入れることにしました。**学ぶことで自分たちを高め、お客様のお役に立ち、地域に貢献したいと考えたのです**」

社員教育と地域活動と販売促進は三位一体

ところが、野老さんが社長になって三年目、大里綜合管理は重大事故を起こします。管理地の木を伐採し運んでいたときに人身の交通事故を引き起こしてしまったのです。

「二度と事故が起きない仕組みをつくらない限り、仕事をしてはならな

地元の人の憩いとコミュニケーションの場でもある本社

いと心に誓いました。では何をしていけばよいのか。自衛隊員はいざというときのために毎日、自分のピストルを解体しネジの一本一本までを磨きあげていると聞きました。環境整備を徹底的にやろう、そのことで気づきの力を養おうと決意したのです。以来、毎朝、始業前の一時間、全員で清掃をはじめとする環境整備に取り組んでいます」

大きな事故にどう向き合うか。企業経営の根幹の問題であり、働く社員の仕事観の問題です。**環境整備とは単なる清掃ではなく、仕事環境を整えることです。これにより気づきの力すなわち、問題発見能力が養われます。**文房具に自分の名前をつけて、なくさないようにする、机の引出しには文房具以外には何も入れない。従って引き出しは小さなもの一つでよい……いわゆる業務改善運動を積み重ねていったことで、冒頭に書いた可動式オフィス、スペースの多目的化も実現したのです。

やがて、環境整備は自社にとどまらず、駅前の清掃、駅周辺の交通整理、ガードレール磨き、道路沿いに花を植える「大網街道水仙ロードづくり」と、地域の環境整備にまで発展してきます。人間力を磨く社員教育は地域住民に共有してもらおうと、カルチャーセンター、料理・手芸などのサロ

【環境整備】
一般に5S活動のことをいう。
整理：いらないものを捨てる
整頓：決められた物を決められた場所に置き、いつでも取り出せる状態にしておく
清掃：常に掃除をして、職場を清潔に保つ
清潔：3S（右記の整理・整頓・清掃）を維持する
躾　：決められたルール・手順を正しく守る習慣をつける

ンへと発展するのです。今では大里綜合管理が行なう地域活動は一五〇種にも及びます。

「三か月単位で決算して業績を向上させないといけない会社からすると、私たちがやっていることはムダなことばかりのように思えるでしょう。しかし、私は**社員教育と地域貢献と販促活動は三位一体であると考えます。短期的にはムダに思えることでも長期的には成り立つ**と信じています」

地域活動に取り組むことで人材は磨かれます。そんな社員の仕事は一味も二味も違い、顧客満足度を上げていきます。地域活動を通じて大網白里市の魅力は増し、不動産価値に反映します。縁ができた人々がすぐにお客様になるわけではありませんが、不動産の必要が出れば「大里さんに第一に相談しよう」となります。また、大里綜合管理のやり方はマスコミや識者に注目され、頻繁にメディアに紹介されます。全国的に知名度が高まるPR効果をもたらしています。

社員教育と地域貢献と販促活動は三位一体であり、**世の中にとってよいことをすることが、結果として自社のためになる**と考える自社の仕組みを野老さんは「幸せの連鎖のビジネスモデル」と呼んでいます。

COMPANY DATA

大里綜合管理株式会社

- 創業：1975年
- 代表：野老真理子
- 所在地：千葉県大網白里市
- 事業：不動産の管理・売買・賃貸仲介業
- 年商：5億円
- 従業員数：30名
- http://www.ohsato.co.jp/

牧歌的だけど洗練された田舎の良さを伝道するワイナリー

株式会社サンクゼール　社長　久世良三　氏

東京出身ですが、スキーが大好きで都会暮らしが性に合わなかった久世さんが信州・斑尾《まだらお》でペンションを始めたのは一九七五年、二五歳のときです。朝食に出していた妻の手づくりジャムの評判がよく、やがてジャム販売を始めます。当時、無添加、低糖度で身体によく、果物の風味が楽しめるものは希少です。信州一帯のお土産物屋に卸売します。その後、都会の百貨店でも取り扱われるようになります。八五年にはペンションを売却。「夫婦で二週間、新婚旅行代わりにヨーロッパを回りました。フランス北部のノルマンディは信州と同様、リンゴの産地です。畑のなかにシードルやカルヴァトス（いずれもリンゴ酒）の醸造所やレストランがありました。自然豊かで牧歌的だけど洗練されているのです。日本の田舎は、自然はあるけれど貧しく遅れているイメージでした。**信州の田舎も世界に通用する洗練された食文化やライフスタイルを提供できるはずだ。**田舎の良さ

広大で美しい自然のなかの複合ワイナリー

【**農業の六次産業化**】
農産物の生産の第一次産業だけでは成り立ちにくいが、農産物に付加価値をつける食品加工（第二次産業）と流通・販売（第三次産業）に包括的に携わることで（一＋二＋三＝六）、ブランド化し、加工賃や流通マージンをも収益源にでき、雇用も拡大できるという考え。

に誇りを持てる事業をしたいと思ったのです」

八九年以降、三水村《さみず》（現飯綱町《いいづなまち》）で、農場、ワイナリー、レストラン、ショップ、チャペルの「複合ワイナリー」を段階的に立ち上げていきます。大規模な投資となりました。ブドウはすぐに美味しいワインになるわけではありません。ジャムが売れても、資金繰りが厳しい時代が続きます。

九八年の長野五輪オフィシャルライセンスのジャムがヒット。美味しいワインやリンゴ酒もできるようになり、資金繰りはやっと安定。九九年に軽井沢プリンスホテルのショッピングセンター（ＳＣ）に直営店を出店。パスタソースなどアイテム数を増やして大成功。同所で一、二を争う坪効率の店となり、話題に。様々なＳＣから出店要請されるようになります。

これ以降、卸売中心から直営店中心にシフトしていきます。信州の牧歌的だけど洗練された食文化という**ブランドの世界観は卸売よりも直営店のほうが伝道しやいのです**。一一年現在で、直営店は国内三五店、海外三店にまで拡大。飯綱のワイナリーにも多くのお客さんが訪れます。ここでワイナリー・ウェディングをするカップルが年間一〇〇組近くもいるといいます。

久世良三社長

COMPANY DATA
株式会社サンクゼール

- ■創業：1979 年
- ■代表：久世良三
- ■本社所在地：長野県飯綱町
- ■事業：ジャム、ワイン等の食品製造販売。ワイナリー、レストラン、ショップ等の直営。ブライダル業
- ■年商：29 億円　■従業員数：252 名
- ■http://www.stcousair.co.jp/

売上至上を理念志向に変え、飛躍したリフォーム会社

株式会社CONY JAPAN（スペースアップ） 代表 小西正行 氏

下請け・孫請けでビルの修繕をしていた父の個人事業を引き継ぐこととなった小西さん。九七年、二四歳のときです。自らが集客、営業し、元請け（直接受注）をしなければ事業の発展はないと、住宅リフォーム業に転業。反響のとれるチラシ作成法を学び、営業の第一線に立ち、がむしゃらに働きます。年商一〇億円まで後一歩のところまで大きくなりますが、一〇億円の壁をなかなか超えることができません。

その原因は離職率の高さでした。当時の営業担当者の基本給は一五万円。それに受注物件の粗利に応じた歩合がつき、給料の多い社員は月給一五〇万円。一方、目標未達成が続くと基本給も下り、生活が困難になる人も。これでは定着率は上がりません。できる人も歩合が個人につくので、個人プレーに走りがち。独立したり、より歩合の高い会社へ転職をしていきます。離職率は最大で五〇％あったといいます。

スペースアップ吹田店

『チーム一丸力』
〈営業チームの営業力＝営業活動の質×量の2乗〉
チームが一丸となったとき、そのパワーは相乗効果をあげる。

「『ビジョンといっても、それは社長個人の目標じゃないですか。年商一〇億円を超え、大阪一になれてうれしいのは社長であって、僕ら社員は、何もうれしいことはありません』。この言葉に目が覚めました」

二〇〇二年、小西さんは三つの改革を断行します。①売上志向から理念志向へ、②中途採用から新卒採用へ、③歩合給から固定給へ。

〈私たちは住環境改善事業を通し、お客様・協力業者・社員・そして会社の幸福を追求します〉。「Four Happiness（4つの幸福）」という理念を定めます。ビジョンを共有し、そのなかに個人目標を位置づけ、一体感と強烈な達成意欲をもたせます。**〈元気が出る朝礼〉と名づけた朝礼を毎朝、二〇分、全拠点で行い、営業のロールプレイをしてから、若い営業担当者は元気に出かけます。**

年商は四五億円。大阪一となり、首都圏・九州にも進出しました。小西さんは、このマンパワーが相乗効果をあげるノウハウを体系化づけ、新卒採用支援や社員教育・組織活性化を行うコンサルティング会社も立ち上げました。かつての自分のように**「人」の問題で悩める企業を同業であっても惜しみなく支援しているのです。**

COMPANY DATA

株式会社 CONY JAPAN（スペースアップ）

- ■創業：1970年
- ■代表：小西正行
- ■所在地：大阪市中央区（関西14店、関東3店、九州2店）
- ■事業：住宅リフォーム業
- ■年商：45億1600万円
- ■従業員数：役員6名　社員244名
- ■http://www.space-up.co.jp

小西正行代表

日本一の〝日本酒伝道師〟となった酒屋

株式会社はせがわ酒店　社長　長谷川浩一氏

はせがわ酒店は一九六〇年に創業された東京の下町の家族経営の小さな酒屋でした。八〇年、長谷川さんが家業を引き継ぐことになったときの年商は三〇〇〇万円。このままではじり貧です。若い長谷川さんはワインやウィスキーに力を入れますが、ディスカウントストアが台頭し、勝ち目はなし。〈同じものを売っていてはダメなんだ。近隣で誰も売っていないものを売らなければ勝てないんだ〉。そんなとき、長谷川さんは一杯の日本酒に出会います。新潟の「雪中梅」の吟醸酒です。当時、一般に日本酒はまずくて二日酔いするといわれていました。ところが、吟醸酒は全く違う。フルーティで喉ごしがよく米の旨みも感じられる味わいに衝撃を受けます。〈これが本物の日本酒なんだ。こういう地方の酒蔵の旨い地酒を仕入れて売ろう。**地元のどの酒屋にも置いてないから、価格競争に巻き込まれない**〉と。地酒・吟醸酒ブームが到来するおよそ一〇年前のことです。

全国の銘酒が集まる（亀戸本店）

【**表参道や東京駅ナカに直営店**】日本酒の情報発信の役割を担う、試飲用バーカウンターを備えた直営店を運営。

ところが、欲しい地酒を仕入れることができません。生産量が少なく地元で消費され、他の地域に出荷されるのはごくわずか。問屋に頼んでも、酒蔵に直談判しても回ってきません。そのとき長谷川さんに「雪中梅」を教えてくれた銘酒居酒屋のご主人がいいます。

「すでに話題になっている地酒を仕入れようとするからダメなんじゃないか。日本全国には三〇〇〇もの酒蔵があるんだ。自分の足と舌で、まだ東京で紹介されていない酒蔵を開拓したらどうだ」

その言葉に長谷川さんは目覚めます。長谷川さんは酒蔵めぐりを始めます。毎年二〇〇蔵、多い月には七〇蔵をも訪問します。

情熱を持って酒造りをする人々との出会いがありました。彼らと日本酒の未来について語り合うなかで、日本には旨い酒を造っているいい酒蔵がたくさんある。その**誰も知らない本物の日本酒を味わってもらいたい、との使命感が確立します。**

一〇年後の九〇年代、地酒・吟醸酒ブームが到来、以降定着します。長谷川さんは珍しい地酒を初めて東京に紹介する地酒の専門家として注目を集めます。日本酒の伝道師の誕生です。

長谷川浩一社長

COMPANY DATA

株式会社はせがわ酒店

- ■創業：1960年　■代表：長谷川浩一
- ■所在地：東京都江東区（亀戸本店。都内支店7店舗、直営飲食店2店舗あり）
- ■事業：日本酒を中心とする酒類販売、酒類卸売業、飲食店
- ■年商：30億円（2011年4月期）
- ■従業員数：100名（パート含む）
- ■http://www.hasegawasaketen.com/

CHAPTER 9

No.１の４つの条件「ミッショナリー・ダイヤモンド」

８つの突破口をさらに整理すると、小さなNo.１になるための４つの条件（①ミッション、②ドメイン、③ビジネスモデル、④ストラテジー）に体系化できた。名づけて「ミッショナリー・ダイヤモンド」。４つの条件がダイヤモンドの４つ角のようにキラキラと輝いたとき、その企業は「集中×差別化＝No.１」が実現する。

八つの突破口でNo．1を目指す三つの指針

何に集中し、どのように差別化し、No．1を目指すのか。三八社の事例から、八つの突破口を導きました。①「不」を発見する、②雑魚は磯辺で、③戦略とは捨てること、④接近戦で勝つ、⑤キャラ立ち、⑥群れる～サバンナの掟～、⑦変わらずに生き残るためには、自ら変わらなければならない、⑧伝道師経営、です。

これらをこれから、総括していきたいと思います。まず、三つの指針を示します。

a．一点突破、全面展開
b．打ち手は無限大
c．難有りは有難い

順に解説していきましょう。

a. 一点突破、全面展開

突破口はあくまでも一つです。例えば、ニッコウトラベル（124P）は、顧客が商品開発や人材採用・育成・評価に係わり、株主でもあるということから「④の接近戦」を導き出す事例として紹介しましたが、それは勝利を決定づけた最大の突破口です。文字通りの、はじめに突破したのは「②雑魚は磯辺で」でした。

小さな広告代理店が旅行企画を打ち出したところ、素人ゆえに旅行枠が確保できず、苦肉の策としてシニア層向けツアー企画となったことが事業の原点です。大手旅行代理店が後回しにするシニア層向けのマイナーな旅行地でした（②）。

これが有名観光地に飽き足らない富裕シニアに支持されて事業化にいたり、広告代理店から旅行代理店に本業を転換（⑦）します。富裕シニア向け以外は取り扱わなかった（③）ことで飛躍しました。徹底的に富裕シニアのニーズを汲み取ります（①）。それを追求しているうちに、顧客と企業の境目がない究極の接近戦にいたり、勝利を決定づけました（④）。

顧客志向、顧客満足、顧客第一主義と多くの企業が理念に掲げますが、ニッコウトラベルほど深化している企業はめったにありません（⑧）。また、各国の在日政府観光局のお墨付きの旅行商品であることと、北海道新聞や河北新報など地域の有力紙の子会社の旅行代理店を集客の窓口にしていること、この二つの同盟戦略もまた、ニッコウトラベルの重要成功要因です（⑥）。その結果、「富裕シニアのゆとり旅ならニッコウ」という存在感を築きます（⑤）。

ニッコウトラベルは、はじめは②を突破し、③で飛躍し、④で勝利を決定づけています。このように、突破口はあくまでも一つです。ただ一点に照準を定め、挑戦しなければ突破できるものではありません。集中の原則です。

しかし、一つを突破しただけで勝利するほど甘くはありません。八つの突破口を次々と攻略していきます。八つの突破口は個々バラバラではなく、相互に影響し合っています。あるところまでいくと、雪崩現象で一挙に突破できます。ニッコウトラベルの場合、それが④だったのです。**相乗効果を挙げたときにＮｏ．１は実現します。**大手より二桁も少ない年商四〇億円程度でも上場できるのです。

これを**一点突破、全面展開**といいます。すべての突破口を攻略しなければならないわけではありませんが、一つを突破しただけでは不充分です。合わせ技で一本をとる柔道を心がけるべきです。

b.打ち手は無限大

第一部も併せて四五社の事例には同業者、あるいは元同業者が複数ありました。電器店ではアトムチェーン本部（80ｐ）、ヤマグチ（118ｐ）、井之商（76ｐ）の三社。酒販店ではカクヤス（26ｐ）、はせがわ酒店（214ｐ）、岡伊三郎商店（154ｐ）の三社。絶滅危惧業種なのに元気な会社や、一般読者にわかりやすい業種・業態を紹介する方針にしたため、結果的に業種が偏りました。

ただし、怪我の功名でした。**同業者を取り上げたことにより、同業者であっても、そのサバイバルの方法は様々あることが浮き彫りになりました。**

アトムとカクヤスは地域密着・顧客密着の御用聞き・宅配といった街の商店が元々持っていた強みに、ディスカウントストア並みの価格で幅広い品揃えといった大手量販店の強みを付け加えることにより、一挙に拡大し、スケールメリットを享受できる規模となりました。**「拡大路線」**といえるでしょう。

ヤマグチは顧客密着という街の電器店の強みを「ここまでやるか！」というくらいに極めることで、はせがわ酒店は日本酒に絞り、かつ、まだ東京では知られていない地酒を紹介する「日本酒の伝道師」に徹することでサバイバルしました。**「専門特化路線」**といえるでしょう。

井之商は太陽光照明装置を開発し、電器店からメーカーとなりました（小売業も兼業）。岡伊三郎商店は店主の妻の実家の菓子屋と協業し、酒販店から菓子メーカーとなりました。**「転業路線」**といえるでしょう。

絶滅危惧業種の各三社は、拡大、専門特化、転業と三つの路線をたどり、サバイバルしました。打ち手は無限大なのです。

C．難有りは有難い

事業をしていると困難なこと、難儀なこと、厄介なことが多いものです。まして、自社が小さい、需要が縮小している、デフレで価格競争が厳しい、といった経営環境が不利な場合は事業を続けること、それ自体が困難です。また業界の構造変化や事故など、企業存亡の危機もときに起こります。

このように会社をとりまく環境が「難有り《なんあ》」であっても、自らの足ですくっと立ち、知恵を絞り、不屈の闘志で戦って企業を繁栄に導く経営者のインタビューを重ねてきました。

例えば、アイセイ薬局（166ｐ）はないないづくしの「難有り」創業でした。資金がない、信用や人脈がない、そもそも院外に処方する習慣がない、けれども調剤薬局を開業したい。この困難を乗り越えるための調剤薬局の開業方法を編み出しました。医院開業プロデュースです。後に院外処方が普及し始めたとき、大手は大病院の門前という一等地に資本の論理で出店していきます。規模に劣るアイセイ薬局は太刀打ち困難です。そこで、医院開業プロデュースを発展させた医療モール開発に活路を見出しました。

マニー（20ｐ）も、カクヤス（26ｐ）も、セルコ（86ｐ）も、タニタ（138ｐ）も、中央タクシー（184ｐ）も、その他多くの困難、難儀、厄介を乗り越えてきた経営者は、**あのピンチのときは無我夢中だったが、いまから思うと、ピンチがあったからこそ、小さくとも強く元気な会社になれたと語ります**。振り返ってみるとピンチは有難かったと語ります。「難有り」は逆さまから読むと「有難《ありがた》い」です。難有りを有難いに変えるのが事業であり、人生ではないでしょうか。難有りを有難いに変えて繁栄する経営者と、難有りに押し流されて衰退する経営者の違いを感じ取ってもらえたら筆者の本望です。

ミッション、ドメイン、ビジネスモデル、ストラテジー

◆ MISSIONARY DIAMOND ◆

突破口を見出し、打ち手は無限とばかりに手立てを講じて全面展開することでNo．1となり、難有りを有難いに変えた企業。その不屈の闘志の源泉は、経営者の志の高さです。

四五社の企業のすべては経営理念を大切にしています。ただし、**理念があればNo．1になれるわけではありません。** 私たちは立派な経営理念を掲げていても衰退していく企業も多く知っています。この違いは何か。

ミッション

理念を額縁に飾って応接間に掲げているだけでは、ほとんど無意味です。まず、理念が借り物ではいけません。カッコイイだけのどこの会社にも通用するような文言ではないのと同じ。筆者は経営理念づくりも指導していますが、**経営理念に必要な要件は五つ**です。

第一に、我が社は何のために存在し、社会のなかでどのような役割を果たすのか、我が社

はどうありたいのか、といった「ミッション」（志といってもよい）です。第二に、我が社はどうなりたいのかという「ビジョン」（夢といってもよい）です。第三に、我が社の大切にする価値観は何かという「哲学」（信条といってもよい）です。第四に、ミッション、ビジョン、哲学を社員が行動に移せる「行動規範」です。第五に、ミッション、ビジョン、哲学、行動規範が相互に「矛盾なく一貫」していることです。

理念はミッションから始まるものです。米国では企業理念を一般にミッション・ステートメントといいます。**本書では経営理念のことをミッションということ**にします。

ドメイン

次に、**ミッションをビジネスモデルや戦略と一貫性を持たせる**ことです。というのも、ミッションとビジネスモデルと戦略に一貫性がない企業が実に多いからです。では、どうすれば、一貫性を保つことができて、ミッションが生きるのか。それは「事業の定義」です。**事業の定義が、ミッションとビジネスモデルや戦略を橋渡しします。**

ハーレーダビッドソン（198p）がまさに、そうでした。〝（前略）ハーレーというオートバイのある生活、モーターサイクルライフというお客様の夢をかなえていく〟というミッションから、〝ハーレーのある暮らしを提供するレジャー産業〟という事業の定義を導き出します。そして、ハーレーオーナーズクラブというビジネスモデルと、イベントや店頭での体験という戦略に橋渡ししました。

事業の定義は、ハーレーのようにミッションとビジネスモデルや戦略と一貫性を持たせることと、顧客、社会、未来（事業発展の方向性）、そして競争優位（差別化）、の視点で構築します。

また、**事業の定義は、自らの「生存領域」を定めることにもつながります。**②（雑魚は磯辺で）という大手と競争を回避したニッチ市場を見出し、③（戦略とは捨てること）で集中する判断基準となります。

事業の定義と生存領域のことを「ドメイン」といいます。

ビジネスモデル

ビジネスモデルとは（1）売り先、（2）売りもの、（3）売り方の、三要素を決め、（4）**収益モデルを構築することです。**

（1）の売り先とは、**ターゲット顧客のニーズです。**カーブスジャパン（68p）は運動が苦手で肥満傾向のある中高年女性をターゲットに定め、彼女らのフィットネスクラブに対する不満要素を洗い出すことでニーズに応えます。

（2）の売り物とは、提供価値です。売り先に対して、どのような価値を提供するのか。価値という言葉がつかみどころがないのならば、「どのように幸せに貢献するのか」と考えても差し支えありません。カーブスの売り物は、「健康のための習慣づくりをご近所で気軽に、仲間と楽しくできる」ことです。

（3）の売り方とは、販売チャネルや販売のコミュニケーション活動です。カーブスの売り方は既存会員による口コミ・紹介がメインです。ＰＲ活動やチラシでの集客は補完的な位置づけです。補完的とはいえチラシには工夫が施されています。あえてスタイルのよいモデルを使わず、公民館の体操教室風の一色刷りのチラシにより敷居を下げています。また、輪になって運動することで井戸端会議的なコミュニティとなります。励まし合ってできますので、持続率が高いことも大切なポイントです。

（4）の収益モデルとは、稼ぎ方です。カーブスの収益モデルはフランチャイズ事業です。小資本で最短で拡大することができます。フランチャイズの加盟店は成功が実証されているビジネスモデルなので成功確率が高いことです。一般のフィットネスクラブよりもカーブスは施設は小さく、設備も少しで済みますので、投資額は少なく、早期に回収できます。

ただし、一般にフランチャイズ事業には短所もあります。経営の自由度が乏しいということ。次にフランチャイズ本部が拡大を急ぎ、加盟店を増やすことが自己目的化するきらいがあることです。加盟店は投資するのだから儲けさせてくれなければ困ると自助努力なき被害者意識を持ってしまうことです。

アトムチェーン本部（80ｐ）の井坂さんは、アトムチェーンを始める前に、このことで破綻を経験しました。これを反面教師にしてアトムチェーンを破綻から一〇年かけて構築しました。カーブスもまた、フランチャイズビジネスの酸いも甘いも知り尽くした増本さんが慎重につくり上げたビジネスモデルです。**成否のポイントはミッション（理念）とドメイン（事業の定義）に基づいたビジネスモデルかどうかです。**

ストラテジー

ミッション、ドメイン、ビジネスモデルによって、何に集中し、どのように差別化し、Ｎｏ．１をめざすのかが、自ずから明らかとなります。これがストラテジー（戦略）の根幹です。

「集中×差別化＝Ｎｏ．１」についてはもはや説明は不要でしょう。

ただ、事業が成長するには起爆剤が必要です。マニー（20ｐ）は接近戦で販路開拓しました（④接近戦で勝つ）。ミニメイド・サービス（106ｐ）は雑誌で取り上げられたことでブレイクしました（⑤のキャラ立ち）。こういったやり方を起爆剤にします。ちなみにキャラ立ちは接近戦に対して空中戦と呼んでもよいでしょう。

ミッショナリー・ダイヤモンド

企業経営の原点であり根幹である**ミッション**。これをビジネスモデルやストラテジーに橋渡しし、自らの生存領域を定める**ドメイン**。売り先、売りもの、売り方、収益モデルを決める**ビジネスモデル**。これらによって定まった「何に集中し、どのように差別化するのか」を推進し、接近戦や空中戦を展開する**ストラテジー**。

ミッションが起点となり、ドメイン、ビジネスモデル、ストラテジーに展開する。**この四つが相互に矛盾なく一貫性があり、相乗効果を上げることで企業は、小さくともキラキラに輝くことができるのです。まるでダイヤモンドの四角のように。**

筆者はこれを「**ミッショナリー・ダイヤモンド**」と名づけました。小さなNo．1を目指す結論です。

それでは、いくつかの企業をミッショナリー・ダイヤモンドで整理してみましょう。

ミッショナリー・ダイヤモンド

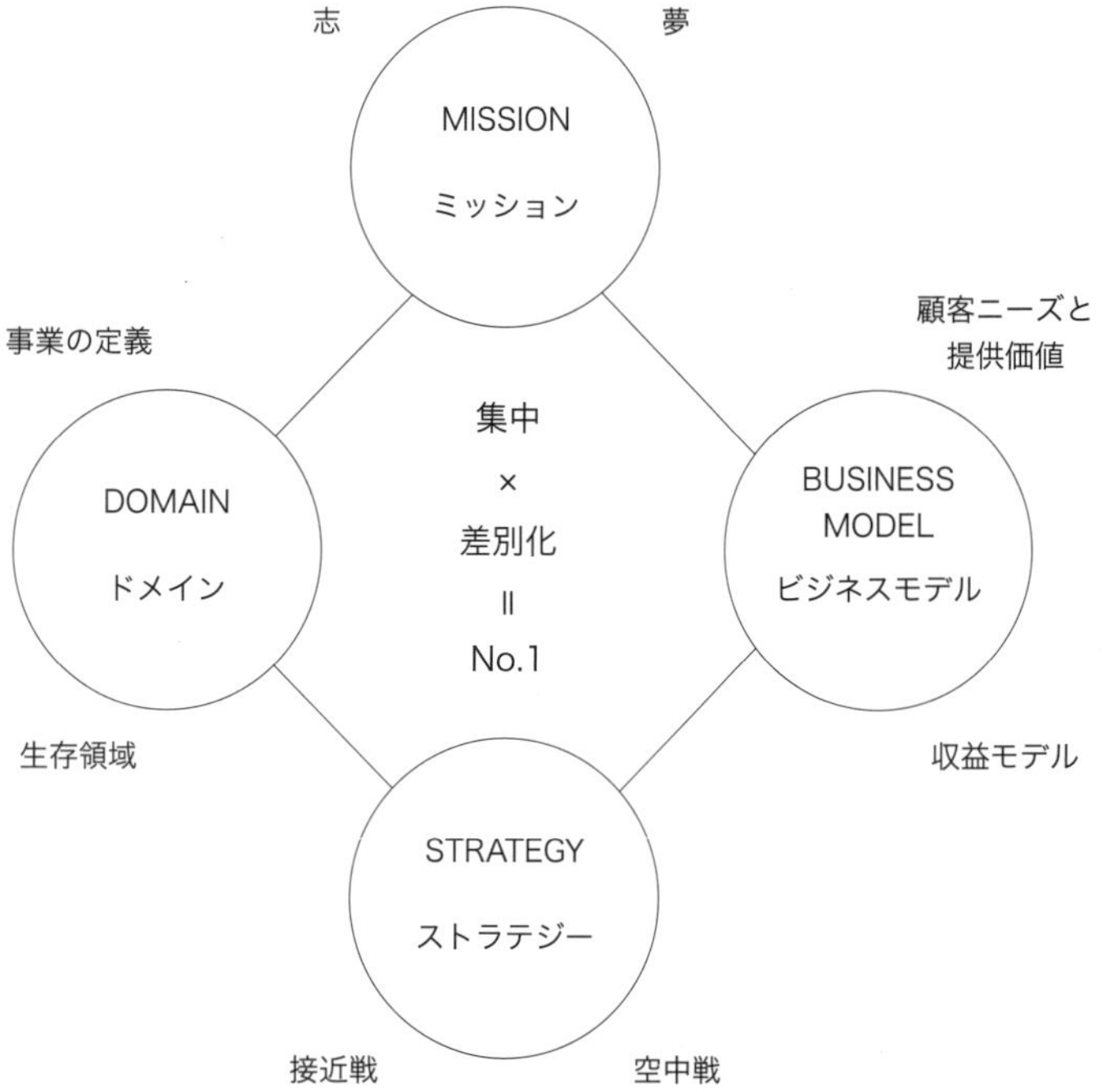

©Masafumi Fukunaga

▶ 20p マニー

- 患者のためになり、医師の役に立つ製品の開発、生産、提供を通して世界の人々の幸福に貢献する。（同社企業理念）
- 世界一の品質を世界のすみずみへ
（同社営業基本方針）
- 各ステークホルダーの利益の共通化
（同社コーポレートガバナンスの基本的考え方、
＊株主満足、顧客満足、従業員満足を共通化するという意味）

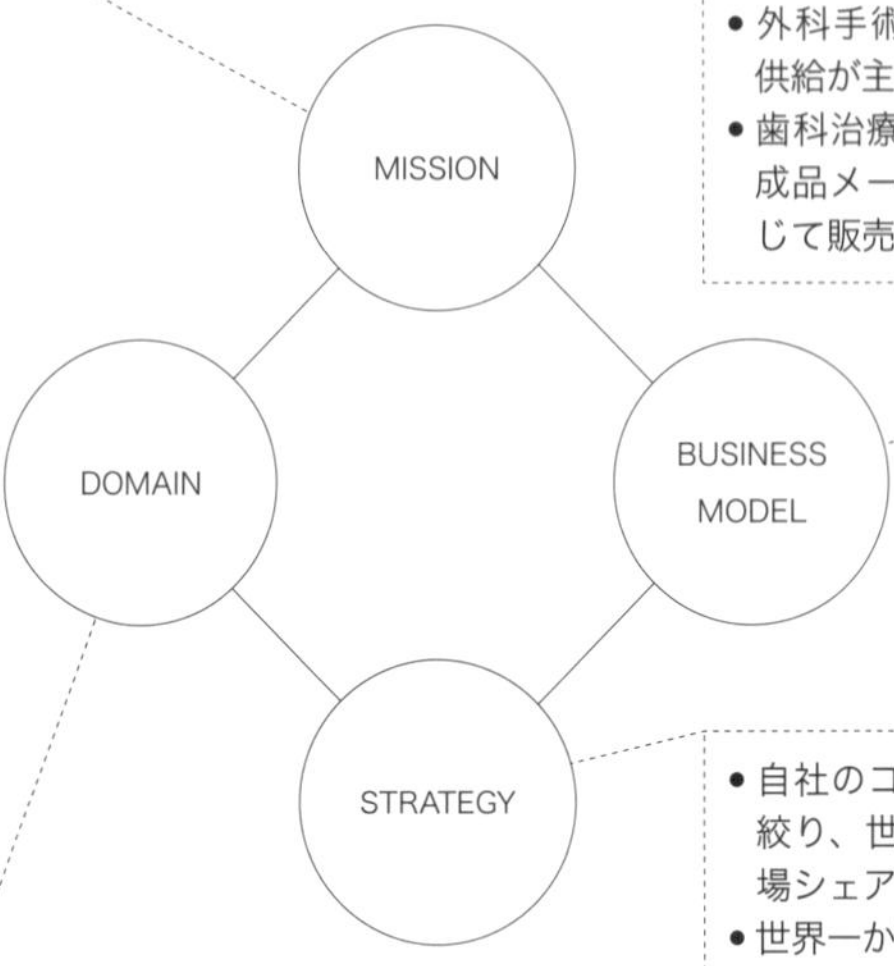

- 外科手術用針は糸メーカーへの OEM 供給が主
- 歯科治療用器具、眼科手術用器具は完成品メーカーとして医療機器商社を通じて販売

（筆者取材による整理）

（筆者取材による整理）

- 自社のコア技術が活きるニッチ市場に絞り、世界一の品質により世界一の市場シェアを得る高付加価値戦略
- 世界一か否か会議の実施
- 医師への接近戦の展開

- トレードオフ　やらないこと（同社制定）
（1）医療機器以外扱わない
（2）世界一の品質以外は目指さない
（3）製品寿命の短い製品は扱わない
（4）ニッチ市場（年間世界市場　5,000 億円程度以下）以外に参入しない
- ステンレス針金の微細加工技術をコア技術とする（筆者取材による整理）

▶ 26p

カクヤス

- 「なんでも酒屋」の「なんでも」とはお客様のご要望になんでも応えたいということ
- 売上・利益という指標は大切だが、それ以上に大切なのはお客様に対し何が出来るかである。出来たことの結果が売上・利益となる。売上は利益を得るための手段、利益は事業目的達成のための手段

（同社ホームページより、筆者抽出）

- お酒を中心とした消費財流通のインフラ
- 「いつでも、どこへでも、どれだけでも」「お客様が必要とされるものを、ご要望にそった形態で」お届けする。お客様が、一番便利だと感じていただける“経済インフラ”として、お客様それぞれの地域コミュニティーにしっかり根ざした“社会インフラ”として、お客様が、私たちカクヤスを「お酒を中心とした消費財流通のインフラ」としてご利用いただき、喜んでいただける瞬間を目指す

（同社ホームページより、筆者抽出）

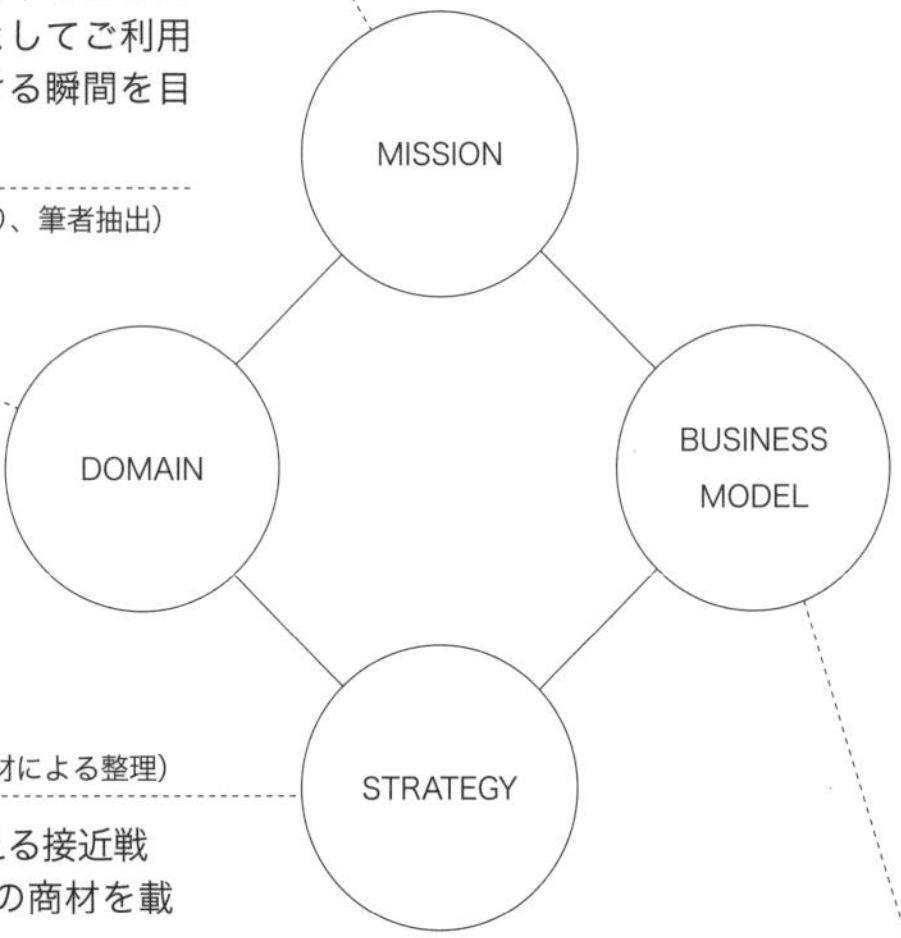

（筆者取材による整理）

- 玄関先を自前の配送で押さえる接近戦
- 酒で確立したインフラに他の商材を載せる

（筆者取材による整理）

- 無料宅配を実現する半径1.2km商圏モデル
- 東京23区に集中して確立。現在は首都圏、大阪に範囲を拡大中
- 個人宅と飲食店の両方へ供給

▶ 100p

ピーターパン

- お客様を笑顔とおもてなしの心でお迎えし、常に品質を向上させ、美味しい焼きたてのパンを提供します
- 一人ひとりの可能性を尊重し、共に学び共に成長し、お客様と共に幸せになります

（同社経営理念）

- 焼きたて、揚げたて、つくりたての美味しいパンを提供する超高回転モデル

（筆者取材による整理）

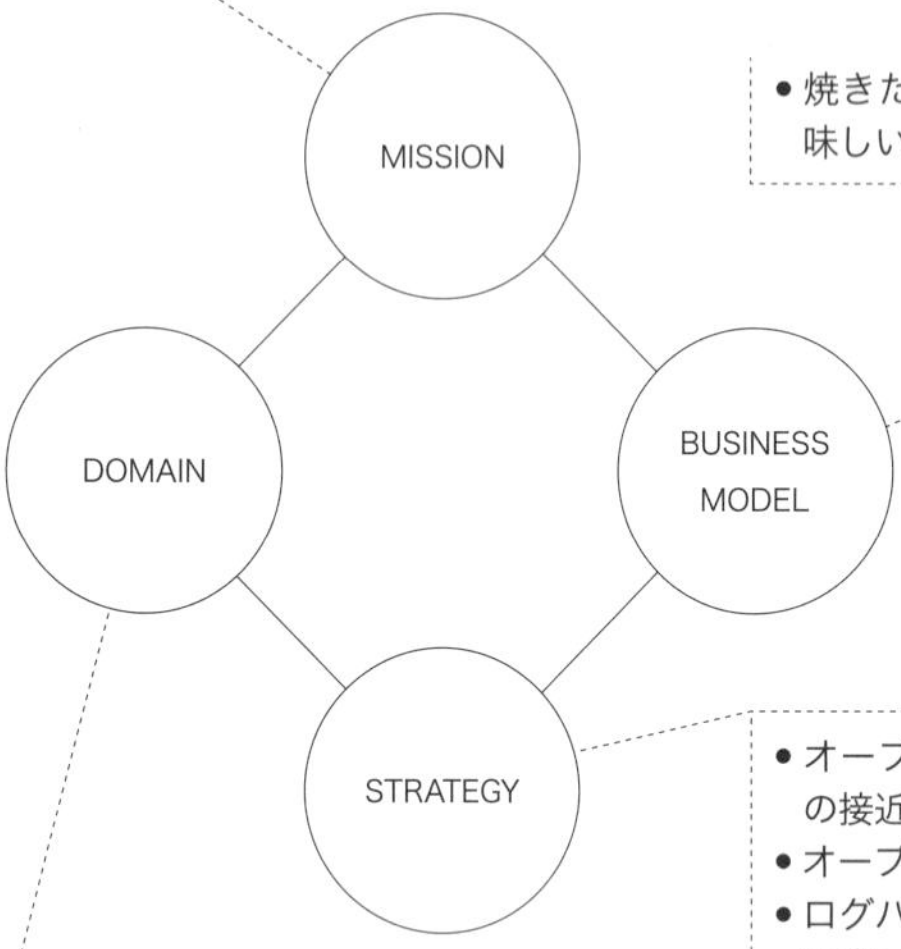

（筆者取材による整理）

- オープンキッチン型でスタッフと顧客の接近戦
- オープンテラスでイートインが可能
- ログハウス風店舗、水車で石臼をひき、石窯でパンを焼くなどパン屋の情緒的価値を提供

（同社経営理念）

- ちょっと贅沢、ちょっとおしゃれな食文化提供業

第3部

競争戦略のバイブル「ランチェスター戦略」その基本理論

The Theory of Lanchester Strategy

ランチェスター法則と弱者の戦略、強者の戦略

ランチェスター戦略とは、企業間の営業・販売競争に勝ち残るための理論と実務の体系です。本書では多くの事例を通じてランチェスター戦略の本質を伝えてきました。第三部はその基本を改めてお教えしたいと思います。

まずはランチェスター戦略の成り立ちと、その原点であるランチェスター法則について触れた上で、そこから導き出された「弱者の戦略、強者の戦略」について解説します。

ランチェスター戦略を構築した故田岡信夫先生

一九七〇年代前半、オイルショックが起こり、それまでの高度経済成長期から日本は一挙に不況となりました。市場縮小期に、企業はどうやって勝ち残るのか。日本人マーケティング・コンサルタントの草分け、故田岡信夫先生（一九二七〜八四）は、**それまでのスピード勝負、体力勝負によらない、科学的・論理的な経営戦略・営業戦略**が求められると考えまし

た。

急速に縮小した市場で、特に弱者がいかにサバイバルするかを指導するのがランチェスター戦略です。取り入れた企業の多くは大不況を乗り越え、今日も繁栄しています。トヨタ、パナソニック、日本生命、武田薬品などの大企業や、ソフトバンク、エイチ・アイ・エス、フォーバルなど当時のベンチャー企業が積極的に取り入れました。多くの中小企業もこれに取り組んでサバイバルしました。

数多くのこうした実績と多大な影響力から、ランチェスター戦略は日本において〝競争戦略のバイブル〟といわれるのです。

ランチェスター戦略の成り立ち

日本で生まれた競争戦略ですが、カタカナの名前がついているのは、「ランチェスターの法則」という戦争理論が、その原点だからです。ランチェスターの法則は、イギリス人の航空工学の研究者F．W．ランチェスター（一八六八〜一九四六）が第一次世界大戦のとき提唱した「戦闘の法則」です。兵隊や戦闘機や戦車などの兵力数と武器の性能が戦闘力を決定づけるというものです。

ランチェスターの法則は第二次世界大戦中、米国海軍作戦研究班で研究されます。コロンビア大学の数学教授B．O．クープマンらが応用し、「戦争の法則」に発展させます。「クープマンモデル」と呼ばれます。戦争の作戦研究（オペレーションズ・リサーチ）は戦後、数学的・統計的な意思決定の方法として研究され、産業界にも広く活用されています。

故田岡先生は一九六二年、社会統計学者の斧田太公望先生とクープマンモデルを解析し市場シェアの三大目標数値を導き出しました。その後、研究と実務指導を重ね、七二年、「ランチェスター販売戦略」を出版。ランチェスター戦略は普及していきます。

勝ち負けのルール ～ランチェスター法則～

ランチェスターの法則は戦闘の勝敗を示す軍事理論です。**軍隊の強さ・力を示す戦闘力は「武器」と「兵力数」で決まるというものです。**

武器は敵と味方の「武器の性能」や腕前を比率化した「武器効率」でとらえます。敵の二倍の性能の武器で戦えば味方の武器効率は二です。

兵力数は兵士や戦車や戦闘機の数です。物量です。

武器効率と兵力数を掛け合わせたものが**「軍隊の戦闘力」**です。

勝ち負けのルール

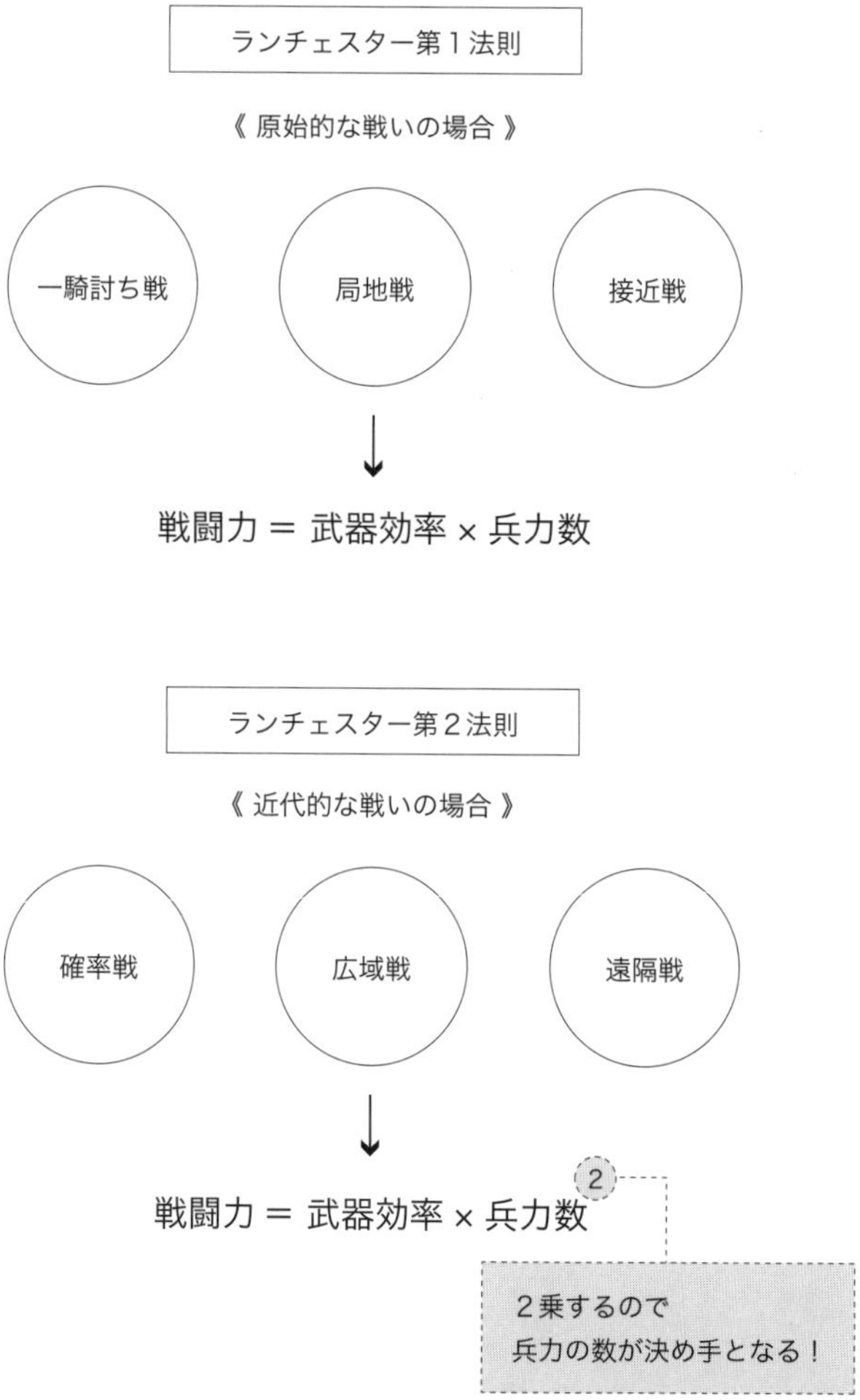
ランチェスター第１法則
《 原始的な戦いの場合 》
一騎討ち戦
局地戦
接近戦
戦闘力 ＝ 武器効率 × 兵力数
ランチェスター第２法則
《 近代的な戦いの場合 》
確率戦
広域戦
遠隔戦
戦闘力 ＝ 武器効率 × 兵力数
2
２乗するので
兵力の数が決め手となる！

法則は二つあります。それは戦い方によるものです。

▼ランチェスター第一法則

一対一が戦う一騎討ち戦、狭い範囲で（局地戦）、敵と近づいて戦う（接近戦）原始的な戦いの場合は、「ランチェスター第一法則」が適用します。

「ランチェスター第一法則」は次の通りです。

戦闘力＝武器効率×兵力数

実にシンプルな法則です。同じ兵力数なら武器効率が高い方が勝ち、同じ武器効率なら兵力数が多い方が勝ちます。

織田信長は鉄砲という最新兵器で勝ちました。豊臣秀吉は常に敵の数倍の兵力数で勝ちました。敵に勝つには敵を上回る武器か兵力数を用意すればよいのです。

▼ランチェスター第二法則

近代的な戦いの場合に適用するルールを「ランチェスター第二法則」といいます。集団が同時に複数の敵に攻撃できる武器（確率兵器という）を使って戦う戦闘方法を「確率戦」といいます。第二法則が適用される戦闘は確率戦で、広い範囲で（広域戦）、敵と離れて戦う（遠隔戦）場合です。マシンガンを撃ち合う集団戦をイメージしてください。

第二法則は次の通りです。

戦闘力＝武器効率×兵力数の二乗

出てくる言葉は第一法則と同じです。違いは兵力数が二乗となることです。武器効率は変わりません。**確率戦は相乗効果をあげるから兵力数が二乗に作用するのです。**

二乗とは一〇なら一〇〇、一〇〇なら一〇〇〇〇です。とてつもなく大きくなります。兵力が多いほうが圧倒的に有利です。兵力の少ない軍は第二法則が適用する戦いでは勝つことは極めて困難です。

小が大に勝つ三原則をビジネスに応用する

第一法則（一騎討ち戦、局地戦、接近戦）……戦闘力＝武器効率×兵力数
第二法則（確率戦、広域戦、遠隔戦）……戦闘力＝武器効率×兵力数の二乗

この二つの軍事法則から戦いの原理を導きだせます。まず兵力数が多い軍は常に有利です。特に第二法則が適用する戦いでは兵力数が二乗に作用しますから、圧倒的に有利です。

では、小が大に勝つにはどうすればよいでしょうか。

第二法則適用下の戦いでは歯が立ちません。第一法則適用下であれば、武器効率を兵力の比以上に高めれば勝てます。兵力数は増やせませんが、運用方法には工夫の余地があります。**局地戦に持ち込み、兵力を集中させれば、その局面においては兵力数をライバルよりも多くできます。**軍事用語で「局所優勢」といいます。局所優勢の状況を維持して各個撃破していくのです。

つまり、小が大に勝つ原則は次の三つです。

①ランチェスター第一法則が適用する一騎討ち戦、局地戦、接近戦で戦う

②武器効率を高める（兵力比以上に）
③兵力を集中する（局所優勢で各個撃破する）

ランチェスター法則をビジネスに応用する

軍事理論のランチェスター法則は企業間競争に応用できます。戦闘力を、顧客を開拓し売上を上げ利益を確保する「営業力」と置き換えます。

第一法則（一騎討ち戦、局地戦、接近戦）……**営業力**＝武器効率×兵力数
第二法則（確率戦、広域戦、遠隔戦）……**営業力**＝武器効率×兵力数の二乗

まず、大きくとらえるなら**武器効率は商品力で、兵力数は販売力**です。

細かくは、情報力、技術開発力、品質や性能、ブランドなどの製品の付加価値、顧客対応力、営業パーソンのスキルなどの**質的経営資源**が「武器効率」です。

社員数、営業パーソン数、販売代理店の当社担当者数、製造現場の設備機器数、売り場面積、席数など、**量的経営資源**が「兵力数」です。

これら質的経営資源と量的経営資源を掛け合わせたものが、企業の営業力を決定づけます。

次に戦争における第一、第二の法則をビジネスに応用します。

「一騎討ち戦」と「確率戦」は競合数と置き換えられます。二社間競合なら第一、三社以上の競合なら第二です。局地戦と広域戦は、地域やビジネス領域と考えられます。

「接近戦」と「遠隔戦」は、顧客との距離に置き換えて、販売経路や販売手法と整理できます。直販や営業パーソンが顧客に接近する手法は第一、間接販売や広告など顧客に接近する前に勝敗をつけるやり方は第二です。

以上を**大きくとらえると、部分的な競争は第一法則で、総合的な競争は第二法則**といえます。総合的な競争では兵力数（量的経営資源、販売力）が勝敗の決め手となります。部分的な競争であれば武器効率（質的経営資源、商品力）を高めることで活路は見出せます。

弱者の戦略、強者の戦略

ランチェスター法則が示す小が大に勝つ三つの原則から「弱者の戦略」が導き出されました。**弱者の基本戦略は「差別化戦略」です。武器効率を高めることです。差別化とは他社の**

弱者の戦略、強者の戦略

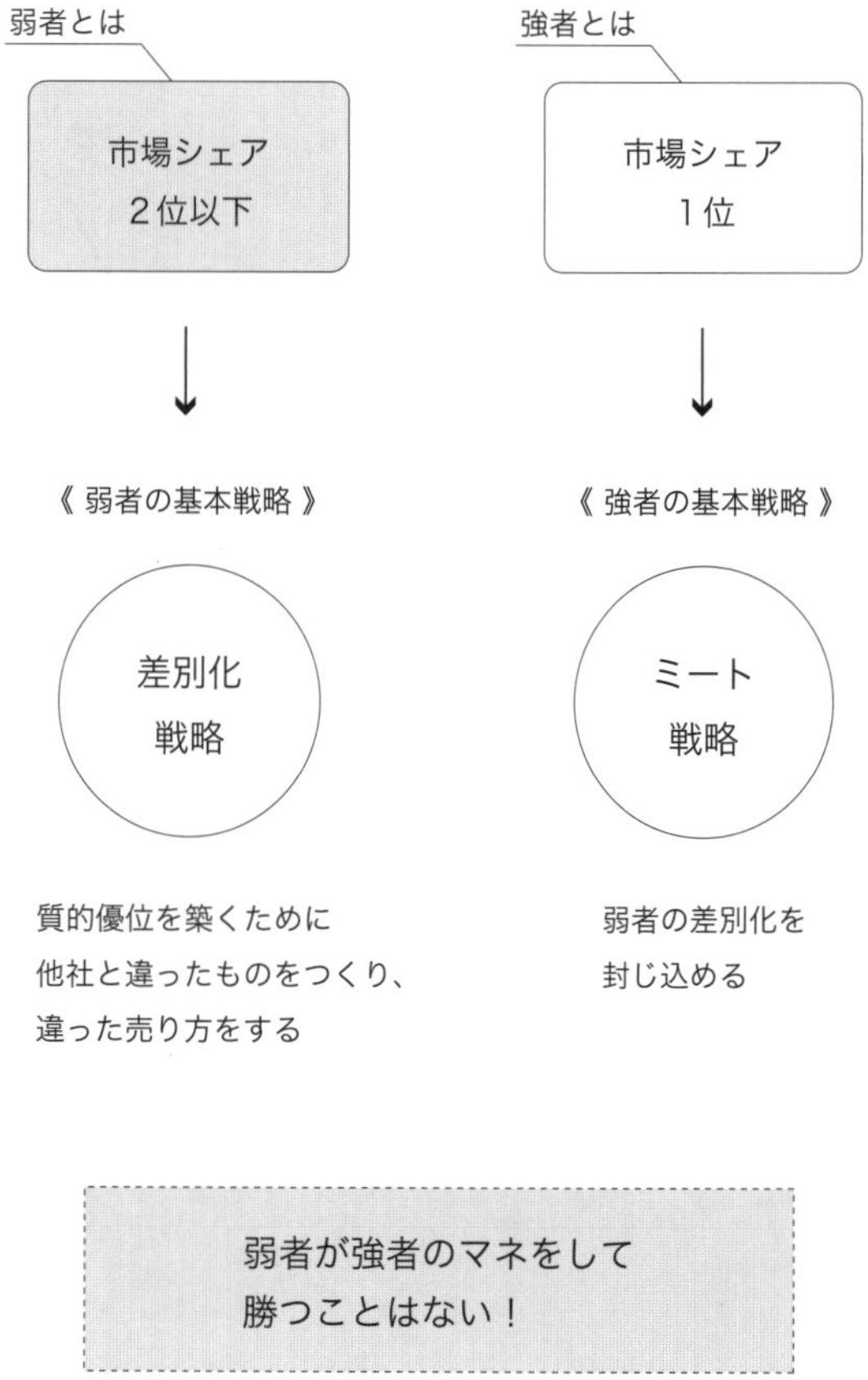
弱者とは
市場シェア
２位以下
《 弱者の基本戦略 》
差別化
戦略
質的優位を築くために
他社と違ったものをつくり、
違った売り方をする
強者とは
市場シェア
１位
《 強者の基本戦略 》
ミート
戦略
弱者の差別化を
封じ込める
弱者が強者のマネをして
勝つことはない！

質を〝相対的〟に上回ることです。単に変わったことをすればよいというものではありません。

兵力を集中することを「一点集中主義」といいます。重点や集中という言葉も、一般によく使われていますが、社内の問題ではありません。他社の量を〝相対的〟に上回ることです。

この他、第一法則的な部分的な戦い方「局地戦（地域や領域の限定）」、「接近戦（顧客に接近する販売経路、営業活動、顧客志向）」、「一騎討ち戦（競合数の少ない競争）」、「陽動戦（奇襲戦法）」が弱者の戦略です。

一方、兵力数の多い企業は第二法則的な総合的な戦いを行なえば、効率よく勝てることから「強者の戦略」が導き出されました。

強者の基本戦略を「ミート戦略」といいます。弱者の差別化戦略を封じ込める意味です。同質化競争に持ち込めば武器効率が同等となるので兵力数で勝敗が決まります。模倣、追随、二番手作戦などをミートと呼んでいます。

この他、第二法則的な総合的な戦い方「誘導戦（先手必勝のおびき出し作戦、新たな需要の創造）」、「確率戦（競合数の多い競争を重視、フルラインの品揃えや自社系列内競合などで自社の力を重複化させる）」、「広域戦（地域や領域を限定せず拡大していく）」、「遠隔戦（間接販売会社の力を活用、広告などの情報発信で顧客に接近する前に勝敗をつける）」、「総合主義（総合力で戦うこと）」が強者の戦略です。

弱者と強者の定義

ランチェスター戦略は「市場シェア」を判断基準にして弱者と強者を定義づけます。そこでは、**強者とは市場シェア一位企業であり、弱者とは二位以下のすべての企業**を指します。

市場シェア一位の企業のみが強者です。経営規模の大小ではありません。そして、この判断は競合局面ごとにします。商品・地域・販売経路・客層・顧客の別に分析しなければなりません。個々にみていく理由は、弱者と強者とではとるべき戦略が１８０度異なるからです。

市場シェア情報も乏しく自分が弱者か強者かの見極めが困難な会社も多いでしょう。迷ったら、弱者だと判断してください。自社調べでは自社が実態以上に大きくなりがちです。また、成長してきた新興企業は数字上強者になっていたとしても、老舗企業の格やイメージが顧客や世間に残っていますので弱者の戦略をとるべきです。

強者は弱者の戦略をとっても成り立ちますが、弱者が強者の戦略をとるのは根本的な間違いを犯すことになることからも、「迷ったら弱者」です。

クープマンモデルと市場シェアの科学

ランチェスター戦略は別名「**市場シェアの科学**」といわれます。シェアの理論は戦争の勝ち負けの法則「クープマンモデル」から導き出されたものです。シェアの目標値を科学的に示した世界唯一の理論です。他の競争戦略理論にはないシェア理論を解説します。

◆なぜB29は戦略爆撃機といわれるのか

第二次世界大戦中、アメリカ軍（米軍）は、学者を徴用して作戦研究班（オペレーションズ・リサーチ・チーム＝ORチーム）を編成し、戦争を科学的・数学的に研究しました。コロンビア大学数学教授B．O．クープマンらはランチェスターの法則に着目し、戦争の法則を数式化しました（クープマンモデルという）。

ランチェスターの法則は戦闘の法則です。戦闘開始時の兵力数と武器効率により戦闘力が定まるというものです。戦闘条件が終始変わらなければ問題ありません。しかし、長期的な戦いとなると戦闘条件は時間の経過とともに変わります。兵力や武器、弾薬、食料などの物資は生産され補給されます。生産・補給の概念が戦争の勝敗に大きく影響するのです。

クープマンらは戦争を遂行する総合的な力、すなわち戦争力を、敵軍と直接交戦する戦術力と、敵の生産・補給拠点を攻撃する戦略力とに、区別してとらえます。クープマンモデルは戦略力２、戦術力１の資源配分が最大の成果をあげることを導きます。**「戦略２：戦術１の原則」**といいます。戦術よりも戦略がより重要だということです。

米軍は重い爆弾を長距離運び、敵の生産・補給拠点を攻撃できる戦闘機Ｂ29を開発しました。Ｂ29は戦術攻撃をする戦闘機ではありません。戦略爆撃機といわれる所以《ゆえん》です。

対する日本軍は、真珠湾攻撃で敵の軍艦を多数撃破しましたが、軍需工場や燃料貯蔵庫などの生産・補給拠点にはほとんど手をつけませんでした。このため米軍は軍艦を修理することができ、六か月後のミッドウェー海戦で日本軍を破るにいたるのです。

市場シェアの目標値

六二年、故田岡先生は社会統計学者の斧田太公望先生と、クープマンモデルを解析して**七三・九％、四一・七％、二六・一％の市場シェア三大目標値**を導き出しました（田岡・斧田シェア理論）。後に故田岡先生は三大目標値の組合せから、**一九・三％、一〇・九％、六・八％、二・八％の四つ**を導き出し、**「市場シェア七つのシンボル目標値」**を体系づけました。

これらは実務上はキリのよい七五％、四〇％、二五％、二〇％、一〇％、七％、三％として差し支えありません。

現在のシェアの競争上の位置づけと、市場に対する影響などを現状分析し、短期・中期・長期のシェアアップ目標を策定する際の基準値とします。

なぜ、敵を滅ぼさないのか？　〜七三・九％上限目標値〜

七三・九％を確保すれば、すべての競合他社を合わせても二六・一％にしかならず、約三倍の差をつけることができます。いかなる戦いも終結させ、絶対的な一人勝ちを独占できることから市場シェアの最終目標値として位置づけられました。

主な市場で一社が七割を超えるケースは、ハンバーガーチェーン市場におけるマクドナルド（七五％）など、わずかしか存在しません。大きな市場でシェア七割は、独占禁止法の関係もあり、現実的な目標とはなりません。

しかし、**ランチェスター戦略は市場を細分化し、個々の市場で競争地位別の戦い方をする**

市場シェア７つのシンボル目標値

73.9%	上限目標値	独占的となり、その地位は絶対的に安全となる。ただし、１社独占は必ずしも安全とはいえない
41.7%	安定目標値	地位が圧倒的に有利となり立場が安定する40%は、首位独走の条件として多くの企業の目標値。
26.1%	下限目標値	トップの地位に立つことができる強者の最低条件。安定不安定の境目。これを下回ると１位であっても、その地位は安定しない
19.3%	上位目標値	ドングリの背比べ状態の中で上位グループに入れる。弱者のなかの強者
10.9%	影響目標値	市場全体に影響を与えるようになり、シェア争いに本格参入。「10%足がかり」と呼ぶ
6.8%	存在目標値	競合者に存在を認められるが、市場への影響力はない。この数値未満が撤退の基準として使われる場合もある
2.8%	拠点目標値	存在価値はないに等しいが、橋頭堡となりうる。2.8% までは市場参入戦略を適用。2.8% から競争戦略を適用

ことを指導原理にしています。商品、地域、販売経路、客層、顧客と市場を細分化していけば独禁法の影響は受けません。

それに弱者は「ニッチ市場」を狙うことも戦略です。ニッチ市場で七割前後のシェアを誇る企業は数多くあります。マニー、トヨックスなど第一部で示した統計調査のサンプル企業は概ねそうです。

それなら一〇〇％独占すればいいでしょうか。一社独占は必ずしも成長性・収益性・安全性が高いとはいえません。シェア一〇〇％はライバルがいない無競争です。市場が縮小し、成長性が高いとはいえません。**競争があるから各社、製品開発や営業活動などを行ない、需要が活性化され、市場が拡大するのです。**

次に収益性です。シェア七割を超える会社はすでに優良な顧客を確保し尽しています。残りは需要規模が小さすぎる先、移動効率が悪い先などの未取引先です。また、世の中には筆者のような判官《ほうがん》びいき（弱者を応援する気風の持ち主）がいるものです。そんなアンチ派にまで支持を広げるのに開発・販促・営業コストをかけるべきとは思えません。

一〇〇％独占は安全性が高いともいえません。メーカーが材料や部品を調達する場合、一社からしか調達できないと、仕入れるメーカーにとってはリスクですから、代替品を探すのではないでしょうか。その代替品によって市場そのものを失う恐れもあります。また、ランチェスター戦略では弱者は一騎討ちで市場参入せよというセオリーがあります。一社独占市場は差別化しやすいので、弱者の狙い目となるのです。

以上から、一〇〇%独占は決してよい状態とはいえません。ライバルがいて、しかも強すぎず、束になってかかって来ても余裕で返り討ちにできる三倍のシェア差がある七三・九%こそが、成長性・収益性・安全性が最も高まる上限の目標値となるのです。

首位独走の条件　～四一・七%安定目標値～

シンボル目標数値のなかで最も有名なのが**四一・七%**安定目標値です。市場シェア四〇%は首位独走の条件です。

安定なら過半数の五一%ではないかと思われるかもしれません。二社間競合なら五一%を獲得してもライバルが四九%なので安定とはいえず、七三・九%を確保しなければなりません。しかし、全国区の総合的な競争では二社間競合は稀です。多くの業界は五社以上の競合があるので、四〇%でまず間違いなくダントツになれます。

ダントツになれば成長性・収益性・安全性が高まります。二位以下は消耗戦を仕掛けても太刀打ちできないので、住み分けを意識するようになるからです。四〇%を下回ると一位であってもダントツとはいえないケースが増えます。アサヒビールとキリンビールが三八％前後で拮抗していることが典型例です。

強者の最低条件 〜二六・一％下限目標値〜

二六・一％を確保すれば多くの場合、一位すなわち強者になります。分散市場ではそれ以下であっても一位のケースもありますが、その多くの場合は二位とは僅差の一位ではないでしょうか。

いつ逆転されてもおかしくない状況では一位といっても強者の戦略がとれない場合が多いでしょう。一位であればせめて二六・一％は確保すべきです。そこから二六・一％下限目標値が定義されました。下限とは強者の最低条件という意味です。

二六・一％以上を確保すれば、仮に残りすべてが合併しても七三・九％を下回ります。その差は三倍未満です。これなら何とか生き残れます。が、残りすべてが合併して七三・九％を上回ると、対抗できません。二六・一％は、どんなことがあろうとも生き残ることのできる競争地位を示します。

分散市場での目標値

以上の七三・九％、四一・七％、二六・一％がシェアの三大目標値（田岡・斧田シェア理論）です。しかし、現実のシェア競争はもっと分散しているケースも多いこと、また、二六・一％に到達するまでのマイルストーン（道しるべ）が必要との実務上の要請から、後に故田岡先生が次の四つの目標値を付け加えました。数値の後の（　）は算出方法を示します。

●一九・三％（上位目標値、二六・一％×七三・九％）

一九・三％（≒二〇％）を確保すれば、多くの場合上位三位以内に入れるでしょう。二〇％は弱者が当面の目標とすべき数字です。ここまで来れば一位の背中が見えてきます。戦略を一位獲得に転換します。分散型市場では一位のケースもありますが、極めて不安定です。

●一〇・九％（影響目標値、二六・一％×四一・七％）

新製品発売時の当面の目標になることから、俗に「一〇％足がかり」といいます。一〇・九％（≒一〇％）を確保すれば、市場全体に影響を及ぼす存在になります。一〇％未満では強者からすれば相手にする大きさではありません。一〇%を超えると、本格的な競争に突入するということです。赤字・黒字の分岐点、有名・無名の分岐点でもあります。

●六・八%（存在目標値、二六・一%×二六・一%）

六・八%（≒七%）を超えると、市場に存在が認められます。一方、影響を及ぼす力はないので本格的な競争には巻き込まれません。ひたすら自社製品の普及に取り組めばよい時期です。発売から時が流れても七%を超えないようなら勝ち目はありません。撤退の判断基準にも使われます。

●二・八%（拠点目標値、六・八%×四一・七%）

二・八%（≒三%）は市場参入時に、参入できたか否かを判断する第一の判断基準です。三%→七%→一〇%が市場参入のマイルストーンです。一〇%を超えると本格的な競争に突入します。

細分化して二六・一%を目指せ

分散市場の四つの目標値を平均的に上げていくことよりも、市場をさらに細分化して、細分化したセグメント（部分市場）で二六・一％の一位をとることを考えるべきです。商品、地域、販路、顧客層、用途、顧客内シェアなど二六・一％をとれそうになるまで細かくすることです。

二六・一％の一位のセグメントを一つずつ増やすことで、結果として全体を上げていくと考えます。**戦略とは狙い撃ち**なのです。ただし、全体で集計する必要もあります。四つの目標値は全体集計をしたときの目安とする数字です。

射程距離理論（三《さん》：一《いち》の法則）

ランチェスター戦略以外のシェア理論で役立つのが「相対市場シェア」概念です。自社と最大のライバルとの比率のことです。

例えば自社が二位二〇％で一位が三〇％だと自社の相対シェアは〇・六七（三〇分の二〇）です。自社が一位二〇％で二位が一五％なら自社の相対シェアは一・三三（一五分の二〇）です。

同じ二〇％であってもライバルが何％であるかによって力関係は全く異なり、立てる戦略も変わります。他社との差を分析する方法としてランチェスター戦略では「三：一の法則」（射程距離理論ともいう）があります。

上限目標値七三・九％と下限目標値二六・一％を足すと一〇〇％。その比二・八三≒三倍。二社間競合の場合、敵の三倍差をつければ勝敗は決することを示します。

ただしこれは、ランチェスター第一法則適用下の場合です。

全国や地域のシェアなどは第二法則適用下なので、二乗して三倍になるルート三倍が射程距離となります。約一・七倍、およそ五〇：三〇の比率です。

射程圏内か圏外かにより、上位に対しては逆転可能なのか当面は困難なのか、下位に対しては安全圏なのか、いつ逆転されてもおかしくない状況なのかを見極めます。短期・中期・長期のシェアアップ目標に反映させます。

競争パターンの四類型

各社のシェアを七つのシンボル目標値と射程距離理論を掛け合わせると、同業者の競争パターンは次の四つに類型できます。

●**分散型**…………一位が下限目標値二六・一％以下で、一、二位間、二、三位間などの上下の差がルート三以内
●**三強型**…………一、二、三位の合計が七三・九％以上で、一位が二、三位の合計以下で、一〜三位の差がルート三倍以内
●**二強型**…………一、二位の合計が七三・九％以上で、一、二位の差がルート三倍以内
●**一人勝ち型**……一位が安定目標値四一・七％以上で、一、二位の差がルート三倍以上

時間の経過とともに大手寡占化が進みます。一般に分散型↓三強型↓二強型↓一人勝ち型と推移します。現在の競争パターンを知ると今後の傾向を予測できます。現在三強型の三位なら、二強時代に負け組になる可能性が高いので、いまのうちに二位を確保すべきです。このようにシェア類型もシェアアップ目標を定めるときに意識します。成熟市場で大切なのは「敵」の設定です。

シェア争いの推移は次のような傾向も示します。一位極大化、二位じり貧、三位漁夫の利・微増、四位以下脱落。なぜ二位はじり貧するのか。それについては次項にて説明します。

ランチェスター戦略三つの〝結論〟

ランチェスター法則から導き出された「弱者の戦略と強者の戦略」、クープマンモデルから導き出された「市場シェアの科学」を踏まえて、ランチェスター戦略の〝結論〟が導き出されました。**「足下《そっか》の敵」攻撃の原則、Ｎｏ．１主義、一点集中主義**です。

勝ちやすきに勝つ ～「足下の敵」攻撃の原則～

成熟市場において売上・利益・シェアを上げるには同業他社から顧客を奪うしかありません。「同業者はすべて敵なので、すべてのライバルから奪う」と考えては、確率戦となり、体力が消耗するわりに得るものが少なくなります。敵を定めて狙い撃ちすべきです。

では、どの敵から奪うか。

答えは、**「足下の敵」**です。**足下とは一ランク下です。自社が一位であれば二位、二位であれば三位です。これを「足下の敵」攻撃の原則といいます。ランチェスター戦略三つの結**

論の一つです。

自社よりも上を狙うのは危険な発想です。前項で二位はジリ貧といいました。かつての日産が衰退したのはトヨタに張り合い過ぎたことが最大の原因です。張り合うとは同質化競争（ミート戦略）です。武器効率が一になれば、兵力数で優る上位企業が有利です。

ランチェスター戦略では二位は弱者と定義していますが、一般に二位の企業は自社を弱者とは思っていません。強者だと意識しているものです。特に日産は名門企業でしたから、その意識は強いものでした。しかし、弱者、強者は市場シェアの問題であって規模や歴史やプライドは関係ありません。

裏を返せば、下位企業と同質化競争をすれば有利に戦えます。日産はホンダにミートすればよかったのです。

自社よりも下位を叩くなら足下より、さらに下位のほうが叩きやすいですが、その間に足下が浮上してこないとは限りません。射程距離が大切ですので、優先すべきは足下です。

ただし、いかなる場合も足下を叩けばよいということではありません。伸び率、企業規模などを踏まえて応用してください。大切なことは敵を絞ることです。それから**頭上の敵には、その動きを把握し差別化し、競争を回避します。**

日本で二番目に高い山を知っていますか？～Ｎｏ．１主義～

日本で一番高い山が富士山であることを知らない人はいません。では、二番目に高い山をあなたはご存知でしょうか？　答えは南アルプスの北岳ですが、一〇人に一人も知りません。ご当地の山梨・長野にゆかりがあるか、山が好きな人に限られます。

このように**一番と二番とでは埋めがたい大きな差があります。ビジネスも同じです。一番でなければなりません。一番だけを強者といい、二番以下は弱者と呼ぶゆえんです。**

ただし、一位といえども二位以下との差が少ない二強、三強、分散型という射程圏内にライバルがいる状況だと、不安定な一位です。下位企業も何とか逆転したいと挑戦し、激しい消耗戦が繰り広げられ、お互いに収益性が高まりません。

二位以下を射程圏外に引き離すダントツになったら、どうでしょうか。二位以下はダントツの企業と張り合っていたら体力的にもちません。全面対決を避け、住み分けを意識します。戦いは終結に向かい、地位は安定し収益性は格段によくなります。

二位以下を射程圏外に引き離すダントツのことを、ランチェスター戦略では単なる一位と分けて「Ｎｏ．１」と定義しています。**射程距離はルート三倍（約一・七倍）を標準とします。二社間競合や客内の単品シェアのような局地戦の場合は三倍を適用します。**

Ｎｏ．１は三つの結論のなかのさらに結論です。ランチェスター戦略の目的といってよい概念です。営業目標にゴールを設定するならば、それはＮｏ．１のシェアです。

弱者がＮｏ．１になる方法 ～一点集中主義～

いかにしてＮｏ．１になるか。

すでに一位の強者は「足下の敵」攻撃の原則で二位を叩きます。たとえば自社が一位でシェア三〇％、二位が二五％だとすると、その差は五％です。二位からシェア五％を奪い取れば、自社は三五％にアップし二位は二〇％にダウンします。その差一五％となり、ルート三倍の射程圏外です。Ｎｏ．１となります。

では弱者はどうすればよいのか。

Ｎｏ．１なんて、弱者には夢のまた夢、と思うかもしれません。確かに全体で勝つのは至難の技。一部分で勝つことを考えてみるのです。

特定の地域、販売経路、客層、顧客、そして商品。領域を細分化すれば、すでに一位の分野があるかもしれません。一位ではないが逆転可能な射程圏内に入っている分野なら、探せばきっとあるはず。そこを狙うのが弱者のＮｏ．１づくりです。「**一点集中主義**」といいます。

No.1 の定義

No.1 の定義

２社間競争、顧客内の単品シェア

↓

No.1 ＞ ２位 × 3

上記以外

↓

No.1 ＞ ２位 × $\sqrt{3}$（＝約 1.7 倍）

２位以下を射程圏外に引き離す
“ダントツ” のことを No.1 という！

集中すべき分野を決め、どのライバルよりも量的経営資源を投入します。

企業が勝ち残るには、「Ｎｏ．１になること。そのためには集中し差別化すること」です。数式化すると**「集中×差別化＝Ｎｏ．１」**です。

ランチェスター戦略の実務体系

以上が、ランチェスター戦略の基本理論です。これを営業部門が具体的に推進する実務体系として、**「地域戦略」**と、**「シェアアップ戦略」**と、**「営業戦略」**があります。

地域戦略は営業地域を細分化し、重点化し、Ｎｏ．１地域をつくっていく実務です。市場地位に応じて重点地域の選定基準が異なることが特徴です。地域を定量的に見るのみならず、地域特性を定性的に見る独自のノウハウが充実しています。ランチェスター戦略の〝華〟です。

シェアアップ戦略は販売チャネルをとらえて、営業活動でいかにしてシェアを上げていく

のかの実務です。チャネルや顧客のカバー率と顧客内シェアからシェアを上げる、独自の方程式「**構造シェア**」という概念があります。そして、狙い撃つチャネルや顧客を定める独自の顧客の格付け法「**ランチェスター式ABC分析**」があります。

筆者は、この二つの概念こそがランチェスター戦略が構築されて四〇年のときを超えた今日も、多くの営業会社が取り入れる理由であると考えます。ランチェスター戦略の〝要〟です。

営業戦略は営業パーソンのスキルやモチベーションではなく、営業部隊をいかにマネジメントしていくのかの実務です。ルートセールス型営業、新規開拓、案件セールス型営業の営業方法別の管理の勘所を示します。どんな優れた戦略も実行されなければ絵に描いた餅。ランチェスター戦略の〝実〟です。

ランチェスター戦略にはもう一つ、実務体系があります。それは「**市場参入戦略**」です。地域戦略、シェアアップ戦略、営業戦略が既存事業を深耕していく営業の実務体系であるのに対して、市場参入戦略は商品開発、市場開拓、新規事業などの経営レベルの実務です。

市場の時期や先発・後発によりとるべき戦略が異なることを指導しています。

ランチェスター戦略の実務体系を知りたい方は、次に紹介する本で詳しく解説しているのでご活用ください。

ランチェスター戦略の学習ガイド

ランチェスター戦略の基本理論や実務体系について学びたい方は次のものがお奨めです。

●『総合ランチェスター戦略―田岡信夫遺稿』田岡信夫（ビジネス社）八六年刊

●『ランチェスター販売戦略〈一〉～〈五〉』田岡信夫（サンマーク文庫）原著は七二年刊

＊右二冊はランチェスター戦略を構築した故田岡先生の代表作。ランチェスター戦略理論の原点であり原典。一部絶版だが、中古本が流通している。

●『ランチェスター戦略の実務CD』NPOランチェスター協会編・田岡信夫・福永雅文著（日本経営合理化協会）一一年刊

＊故田岡先生の講演音源を復刻。その後、福永が解説講義。地域戦略が充実。

●『ランチェスター戦略「弱者逆転」の法則』福永雅文（日本実業出版社）〇五年刊

＊ランチェスター戦略の入門書。豊富な事例で解説。

●『ランチェスター戦略「一点突破」の法則』福永雅文（日本実業出版社）○七年刊

＊中小企業向け。豊富な事例で解説。

●『世界一わかりやすいランチェスター戦略の授業』福永雅文（かんき出版）一二年刊

＊大企業向け。会話式で解説。市場参入戦略が充実。

●『ビジネス実戦マンガ ランチェスター戦略』福永雅文（ＰＨＰ研究所）○九年刊

＊ストーリー漫画でランチェスター戦略の本質に迫る。シェアアップ戦略が充実。

●『「営業」で勝つ！ランチェスター戦略』福永雅文（ＰＨＰビジネス新書）一一年刊

●『弱者が強者に勝つ方法 ランチェスター戦略』福永雅文（ＰＨＰ研究所）一二年刊

＊右二冊は営業マネジャー・営業パーソン向け。シェアアップ戦略、営業戦略が充実。

謝辞

ランチェスター戦略は、昭和45年に故田岡信夫先生がランチェスターの戦争の法則から初めて導き出したビジネスの戦略思想です。「勝ち方には一定のルールがある、その基本的思想をランチェスター法則から学び取れ」が先生の一貫した主張でした。

そして先生は、ランチェスター法則をすべての戦略哲学の中核に据え、複眼的で弁証法的な発想と、知的な論理の展開を重視し、今日のランチェスター戦略の全体系を築き上げました。本書の著者、福永雅文は本書を執筆するにあたって、先生の先駆的業績に敬意を払い、ここに衷心より感謝の意を表明します。

NPOランチェスター協会

田岡信夫が構築した経営戦略を多くの企業に普及させ、経営の発展と安定化および経済の発展に寄与することを目的として、井関利明（当時慶応義塾大学総合政策部学部長）、矢野弾（同矢野経済研究所副社長）らが発起人となり、1988年設立。1994年NPO法人化、活動を始めた団体。有名企業から中小企業までの経営層、企画・営業部門マネジャー、第一線の営業員たちに、ランチェスター戦略の研修、コンサルティング、ソフトウェアの提供を行なっている。

現在、本部（東京）のほか、関西支部、北海道支部、東北支部、中国支部が普及活動に励み、多くの企業の業績向上・シェアアップ・営業力強化に貢献している。

URL：http://www.lanchester.or.jp/

E-mail：lanchester@lanchester.or.jp

読者限定プレゼント！

本書掲載の企業事例はすべて、『月刊ニュートップリーダー』（小社刊）で、福永雅文氏が毎号、取材執筆する連載の掲載企業です。本書では紙幅の都合上、２ページで掲載した企業も、本書に換算して８ページ相当の原稿量で掲載しています。そのニュートップリーダー連載のバックナンバーを公開します。さらに詳しい成功要因を学びたい方はぜひ、下記にアクセスし、バックナンバーをダウンロードしてください。

―― 連載記事　公開企業　（　）内のｐ数は本書掲載ページ ――

- 日本マンパワー（38p）
- ダイワハイテックス（44p）
- 長野デラップス（92p）
- カーテン館「窓」（94p）
- しまうまプリントシステム（114p）
- ヒロカワ製靴（130p）
- みやじ豚（132p）
- サプリコ（174p）
- 石坂産業（192p）
- サンクゼール（210p）

http://www.njh.co.jp/sp/fukunaga/

『月刊ニュートップリーダー』についてはこちらをご参照ください。

http://www.njh.co.jp/magazine/0202/

日本実業出版社　編集部

福 永 雅 文（ふくなが　まさふみ）
ランチェスター戦略コンサルタント。東京在住。1963年広島県生まれ。関西大学社会学部卒。戦国マーケティング株式会社代表取締役、NPOランチェスター協会常務理事・研修部長、ランチェスター戦略学会常任幹事。
小が大に勝つ「弱者逆転」を使命とし、我が国の競争戦略のバイブルとも言われるランチェスター戦略を伝道する。企業の営業戦略づくりを指導するとともに、全国各地で企業研修、講演を行う。歴史研究をライフワークとし、「歴史に学ぶ戦略経営」がもう一つの講演・執筆のテーマ。
著書に『ランチェスター戦略「弱者逆転」の法則』『ランチェスター戦略「一点突破」の法則』（以上、日本実業出版社）、『ビジネス実践マンガ ランチェスター戦略』『「営業」で勝つ！ ランチェスター戦略』『図解 弱者が強者に勝つ方法「ランチェスター戦略」』（以上、PHP研究所）、『世界一わかりやすいランチェスター戦略の授業』（かんき出版）がある。

戦国マーケティング株式会社
E-mail：info@sengoku.biz
URL：http://www.sengoku.biz

45社《しゃ》の成功事例《せいこうじれい》をリアルに分析《ぶんせき》！
ランチェスター戦略《せんりゃく》「小《ちい》さなNo.1《ナンバーワン》」企業《きぎょう》

2013年4月20日　初版発行

著　者　福永雅文 ©M.Fukunaga 2013
発行者　吉田啓二
発行所　株式会社日本実業出版社　東京都文京区本郷3−2−12 〒113-0033
大阪市北区西天満6−8−1 〒530-0047
編集部 ☎03-3814-5651
営業部 ☎03-3814-5161
振　替　00170−1−25349
http://www.njg.co.jp/

印刷／壮光舎　製本／共栄社

この本の内容についてのお問合せは、書面かFAX（03−3818−2723）にてお願い致します。
落丁・乱丁本は、送料小社負担にて、お取り替え致します。

ISBN 978-4-534-05067-0 Printed in JAPAN